これからも好きなものを
おしゃれに着るための 処方箋

その服、
まだ着られます

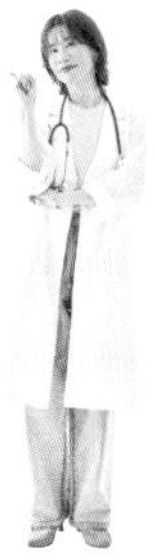

山本あきこ

introduction　はじめに

こんにちは。スタイリストの山本あきこと申します。

私は雑誌や広告のスタイリストとして活動しながら、個人のお客さまのパーソナルスタイリングをしたり、ＹｏｕＴｕｂｅチャンネルでプチプラアイテムを使ったファッション提案を行ったり、さらにはそんな自身のスタイリストとしての経験や気づきをセミナーやスクールで発信するなどの活動をしています。

ありがたいことに、すでに書籍も何冊も出させていただいており、たくさんの人にファッションのパワーや楽しさをお伝えする仕事ができていて…毎日こんな幸せなことはありません。

が、しかし!!

私自身も40代半ばを迎え、最近同世代のお客さまや少し上の世代のお客さまにお会いして聞こえてくるのは、

「お気に入りの服はあるけれど、年齢的にもう着られないかも」

「若い頃に好きだった服は、そろそろ手放さなきゃね」

なんて、ファッションにネガティブになっているみなさんの声。
ちょっと待って！　その服、まだ着られます！
年齢で好きなものを諦めるなんてもったいない！　もちろん、昔と同じ着方では着られない服もありますが、好きな服はそのままに**少しの工夫とアレンジで、40代、50代の今も「ステキ♡」と思える着こなしはまだまだできます。**

それをお伝えしたくて私は今回、新たにこの本を書こうと決意しました。

この本を書くにあたって、思い起こしたのは、今まで出会ってきた1万人以上の方のおしゃれの傾向。その中で、40代、50代はだいたいこの3タイプに分けられるというキャラクターを見つけました。

・甘めのファッションが大好きな「甘杉愛美」さん
・ベーシックで中性的なファッションが多い「普山直子」さん
・派手で個性的なアイテムに目がない「派手川リカ」さん

ちょっと極端ですが、意外とみなさんもどれかには当てはまるのでは？　この本ではこの3人を私の「おしゃれクリニック」に迎え、好きな服をいつまでもステキに着る、具体的な方法をお伝えしていきます。ぜひ、自身と比べて読み進めてみてください。

contents

目次

※本書に掲載されている衣類、小物等は撮影時に販売されているもの、または著者私物です。
既に販売終了している可能性もございますので、ご了承ください

まず読んでみよう！

ここはスタイリスト、山本あきこのおしゃれクリニック。日々たくさんの人でにぎわっています
AKIKO
あきこ先生
患者さんでーす
はーい
どうしましたか？
私たち困っているんです
50代
甘杉愛美さん
最近大好きな花柄やフリルなどの甘い服が似合わないんです…娘にもイタいって…
あま
あま
ライバル!!
ガルル
50代
普山直子さん
おじさん、さよーならー
私はシンプルな服が好きなのですが年々おじさんっぽくなってしまって…
50代
派手川リカさん
私は一点一点こだわりのものを着ているのですがコーディネートが決まらなくて…疲れてしまって…
ハデ!!
仲間ー!!
なるほど…
みなさん、まずは…

ワードローブを見せてください！
甘杉さんのワードローブ
ゆるふわ甘々のアイテムばかり…
花柄＆水玉のオンパレード!!
普山さんのワードローブ
めちゃくちゃ普通の服だけでできている！
10代から好きなものは同じ!!
派手川さんのワードローブ
一点一点のインパクトがすごい…！
どのアイテムにもこだわりつまってます!!

なるほど…そうですね、例えば
甘杉さんと普山さんにはお互いの要素を入れて…さらに…
ハイ!
大人の甘さに…
あれ?なんかイイ感じ
ハイ!
ほんのりエレガント…
さらに派手川さんはハイ!
あら?なんだか落ちつくわ~
手持ちの服がまだ着られるってすごくうれしい!
うんうん!!
でもどうして?何が違うの?
おしゃれって結局「バランス」なんです。普通のアイテムだけだと味気がないし、個性的なアイテムばかりだと疲れちゃう
バランス
その両方をバランス良く組み合わせることでその人らしいおしゃれを引き立てることができるんです!

万能サポート服 & 有能小物
そんな「おしゃれのバランス」を整えるのに便利なのが「万能サポート服&有能小物」！
これを上手に使うことで40代、50代からのおしゃれがもっと楽しくなります！
例えば派手川さんの個性派服に万能サポート服をミックスすると
ブラウスが目立っていいわね！
派手川さん、しかも何だか高見えしてるわね！
エヘヘ
ホント！それどこの？って感じよ！
そう！「高見え」も実は全体の雰囲気！
組み合わせと着こなしでプチプラ服もステキに見えるんです
すごく楽しそ～う！！
ぜひ私たちにそのテクニックを教えて下さい!!

まずは今の自分を知ろう！

マンガいかがでしたか？　思い当たるふしがあった方も多いのでは？

おしゃれをするにはまず、今の自分を知ることが大前提。

具体的には、自分の好きなおしゃれの傾向、どんな服を持っているのか、どんな小物を持っているのか、買い物にはどんなクセがあるのか…。

自分の状態を把握し、自分の症状を自覚することで、今の自分フィットしたおしゃれの処方箋（＝何を足すか、何を引くか）も見えてきます。

ぜひ、この本を持って自分のクローゼットへGO！　次のページからのチェックリストを参考に、ご自身に近いロールモデルとなるキャラクターを見つけてみてください。

「ピタッと当てはまるものがない」「候補が2人いる」、なんて場合もあると思いますが、それで全然大丈夫！

私が出会ってきた方々も、この3人が少しずつ混ざった状態の人がほとんど。

特に似ているなというタイプの方をメインに、取り入れられるところを少しずつ拾って、自分だけのおしゃれに生かしていただけたらと思います。

次ページからの
項目をチェック
してみて！

当てはまるものにチェックをしてみましょう

□「かわいい♡」がログセ
□ 花柄、フリル、リボンは友だち
□ ヒールがない靴は不安
□ カジュアル服はちょっと苦手
□ 基本的にスカート派
□ 息を吸うように髪を巻いている
□ 20代はモテ系ファッション一筋
□ ジャストサイズが安心
□ いくつになってもピンクが好き
□ 神崎恵さんの新刊はチェックする

ワードローブはこんな感じ！

チェックが多いあなたは甘杉さんを参考に！

当てはまるものにチェックをしてみましょう

- □ 服は家で洗えるものが基本
- □ 最悪デニムがあれば生きていける
- □ 夫とワードローブが被っている
- □ ヒール靴は冠婚葬祭時のみ
- □ バンドのツアーTシャツはほぼ買う
- □ パリジェンヌに憧れがある
- □ 北欧の暮らしがお手本
- □ 目立ちたくないけど地味はイヤ
- □ 何かとオーバーサイズ着がち
- □ 杏さんのYouTubeチャンネルは見る

＼ワードローブはこんな感じ！／

チェックが多いあなたは**普山**さんを参考に！

当てはまるものにチェックをしてみましょう

□ 色や柄、一点ものに目がない
□ キラキラしたものにときめく
□ 普通の服にテンションが上がりにくい
□ ヒョウ柄を見るとつい買ってしまう
□ アクセサリーの収納に困っている
□ 夏はやっぱりエスニック
□ 「フェス」と聞くとウキウキする
□ 元カレにバンドマンがいる
□ 趣味や習いごとが多い
□ YOUとキョンキョンをフォロー

＼ ワードローブはこんな感じ！ ／

チェックが多いあなたは派手川さんを参考に！

ワードローブはバランスが大切！

さて、ご自身の手持ち服の傾向がわかったところで、次は左のワードローブマップをご覧ください。

甘杉さん、普山さん、派手川さんのワードローブをマップで見ると、それぞれに偏りがあることがわかりますね。

これはスタイリングのテクニックなのですが、**デザイン性の高い服やカジュアルすぎる服、また甘いなどのテイストが強いアイテムは、マップ中央の「万能サポート服」と名付けたニュートラルな服を合わせることで、アイテム特有のデザインを生かしつつも、年齢に合った落ち着いた雰囲気で着られるようになるのです。**

私が出会ってきた女性たちも、この、言ってみれば**普通の服を持っていないことで、しばしばコーディネートが決まらない**という事態に陥っていました。

「万能サポート服」は、高額なものでなくて構いません。この本では、お手頃価格で名品の多い、**ユニクロ、GU、無印良品**からセレクト。

ぜひ、次章から始まるポイントと着こなしを参考にしてみてください。

手持ち服を活かすのは

万能サポート服

ベーシック
普山さんのワードローブ
味つけアイテムが足りないかも
LA NUIT PORTE CONSEIL
万能サポート服
辛い
甘い
主役アイテムが多いのよね
甘杉さんのワードローブ
派手川さんのワードローブ
デザイン性の高い
甘さがトゥマッチかも…

Dr. Akiko's advice

自分のワードローブの
傾向やクセがわかれば
おしゃれに一歩近づく！

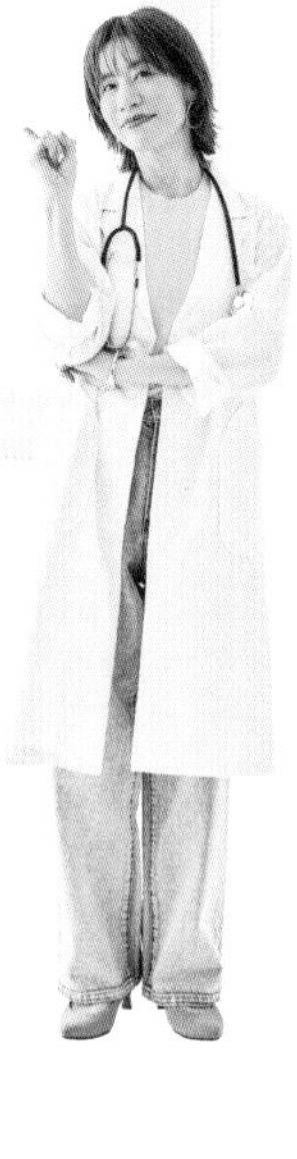

Chapter 1

手持ち服に効く！万能サポート服10

ユニクロ・GU・無印良品でそろう

自分のワードローブ傾向を把握したところで、いよいよ「手持ち服」に加える「万能サポート服」をご紹介していきます。これがあれば、あなたの好きな服はそのままにコーディネートの幅が広がり、年齢やシーンに応じた着こなしも可能になります。

ただし、ここでご紹介する服をすべてそろえる必要はありません。「万能サポート服」は、みなさんが好きな服を、楽しみながら今の自分に似合うよう調整するためのもの。必要だと思うものを必要なだけ取り入れればOKです。

手持ち服に効く

万能サポート服10

普通の服に見えて
効果抜群の優秀アイテム!
必要なものだけGETして

doctor's note
処方箋
03
縁の下の
ワイドパンツ

doctor's note
処方箋
01
とり急ぎの
大きめシャツ

doctor's note
処方箋
04
ちょいひら
ロングスカート

doctor's note
処方箋
02
無表情な
無地Tシャツ

doctor's note
処方箋
05
本気じゃない
ジャケット

doctor's note
処方箋
06
良識ある
ワイドデニム

doctor's note
処方箋
07
重力すとん
ワンピ

doctor's note
処方箋
08
無邪気な
メッシュトップス

doctor's note
処方箋
09
存在感のない
春アウター

doctor's note
処方箋
10
着たり
着なかったり
カーディガン

右から／白シャツ GU(ジーユー)
黒シャツ 無印良品

とり急ぎの
大きめシャツ

Check Point

- □ プレーンな「角衿」を。衿が大きいとかっちりするので小さめが◎
- □ 体が泳ぐサイズ感がベター。普段より1、2サイズ大きめを選んで
- □ 色は白や黒などのベーシックカラーのほか、ストライプ柄も便利

手持ちの服をもっと活用したい、年齢にふさわしい雰囲気になりたいと思ったとき、とり急ぎ手に入れてほしいのが「大きめシャツ」です。

シャツの特徴は**直線的なラインが多く、きちんと感をプラスしてくれるところ。**

さらに、**ゆるっとしたサイズ感のシャツなら、気になる肉感も拾わず、ボディラインが隠れるので、着やせも叶えてくれる**のです。

もしかしたら、甘杉さんのようなフェミニン派の人の中には「角衿シャツはかっちりしすぎて苦手」と思っている方もいらっしゃるかも？

でも、角衿シャツは40代、50代にこそおすすめのアイテム。というのも、**角衿の立体感や直線的な鋭角は、少しゆるみが気になってきた私たちのあごのラインをすっきり見せたり、顔を引き締めてくれる効果がある**んです。

手持ちの甘いアイテムを引き立てるためにもプレーンなシャツは有効的。いろいろな使い方ができますので、まずは手に入れてほしいアイテムです。

直線的な白シャツ合わせなら
スカートの愛らしさが際立つ

ドット柄のチュールスカートは、直線的なシャツを合わせることで、大人にふさわしい落ち着き感のある着こなしに。シャツの裾は「前だけイン」することでウエスト位置がはっきりし、すらり脚長のシルエットに。衿を後ろに引っ張ると、かちっとした印象がなくなりリラックスした雰囲気になります

シャツ GU(ジーユー)　タンクトップ coen　スカート　ロペピクニック　ネックレス、ピアス ROCCO　バングル 私物　バッグ ル・ベルニ(キャセリーニ)　サンダル EVOL

\ Point /

私の好きな感じだけど、
すごく上品で
大人に見えるわ〜!

ボーダーを肩からかける
発想はなかった！
さっそくやってみます

リネンの黒シャツなら
こなれた大人な雰囲気に

普山さんが大好きなデニムのスタイルにもぜひシャツを取り入れて。リネンなら黒でも真っ黒すぎないのでカジュアルに合わせやすく、デニムスタイルが一気に洗練。コーディネートのアクセントには、ボーダーのカットソーを肩がけすれば、ワンツーコーデからも脱却できます。目線が上がり、自然にスタイルアップも叶いますよ

シャツ 無印良品　カットソー、パンツ ローリーズファーム（アダストリア）　メガネ Lattice　ピアス、バングル ラピュイ（キャセリーニ）　バッグ coen　サンダル EVOL

前から／白Tシャツ　UNIQLO（スタイリスト私物）スミ黒のTシャツ、ベージュのTシャツ　GU（ジーユー）

無表情な 無地Tシャツ

Check Point

- ☐ 丸首に限る! 首元は開きが少ないものが清潔感あり
- ☐ 白、ベージュ、スミ黒(グレーに近い黒)などのベーシック色が便利
- ☐ ワンポイントやポケットも不要。袖口もすっきりシンプルなもの

さて、続いて処方したいのは「無地Tシャツ」です。

種類も色もデザインもたくさんありますが、手持ち服を活かすのは、**ポケットも何もないシンプルで無地のもの。ネックはVより丸首のものが重ね着しやすく、アクセサリーも引き立ちます**。

Tシャツの効用は何と言っても「服と服の間をさりげなく」埋めること!

主張せず、ジャマしない敏腕執事のような無地Tシャツこそ、ワードローブを助けてくれる存在なのです。

カラーは、白、ベージュ、スミ黒(グレーに近い黒)などのベーシックカラーが使いやすいですが、40代、50代には特にベージュがおすすめ。

白だとパキッとして目立ちすぎたり、体操着に見えてしまうような着こなしも、ベージュなら肌馴染みがよく、ぐんと大人っぽく仕上がるので取り入れやすいはず。

サイズは**肉感を拾わないものがマスト。ジャストサイズよりワンサイズ大きめのものの方がキレイに見える**ので、おすすめです。

キャミソールとの重ね着は ベージュTで甘さをセーブ

フェミニン派の甘杉さんには、Tシャツにオーガンジーのキャミソールを重ねたほんのり甘い着こなしがおすすめ。ゴールドのアクセサリーが引き立つベージュTシャツは、真っ白Tだとカジュアルになりすぎてしまう着こなしをフェミニンに調整してくれます。ボトムスはホワイトデニムならラフさが軽減されて、上品に見えます

Tシャツ GU(ジーユー)　キャミソール coen　パンツ ローリーズファーム(アダストリア)　ピアス、バングル Lattice　バッグ ZARA(私物)　サンダル EVOL

Aimi Amasugi
キャミソール、ステキ。
この配色なら今の
年齢でも着られそう!

色数とトーンを絞れば スポーティでもシックに

体型を拾わないサイズ感、さらに黒よりカジュアルかつシックに決まるスミ黒Tシャツは普山さんにおすすめ。スニーカーやキャップなどスポーティなスタイルも、色数を絞ったワントーンコーデなら上品な印象に。ストライプシャツを腰に巻けば、体型を隠しながらメリハリをつけられます

Tシャツ、バッグ GU(ジーユー)　シャツ、スカート、キャップ coen　ピアス Lattice　スニーカー GU(ジーユー)〈一部店舗のみ販売〉

引き算が得意な白Tで 派手柄パンツをさっぱりと

プレーンな白Tシャツは、クセのあるボトムスの中和役にぴったり。個性的な色使いのワイドパンツも、さっぱりヘルシーに仕上がります。Tシャツ一枚で物足りないときは、アクセサリー代わりにカーディガンを肩がけ。顔まわりが華やかになり、おしゃれ度もアップ

Tシャツ UNIQLO(スタイリスト私物)　カーディガン UNIQLO　パンツ オペーク ドット クリップ　メガネ、ピアス、ブレスレット Lattice　バッグ ル・ベルニ(キャセリーニ)　シューズ EVOL

右から／ネイビーのワイドパンツ 無印良品（スタイリスト私物） 白のワイドパンツ GU（ジーユー） 黒のワイドパンツ UNIQLO（スタイリスト私物）

縁の下のワイドパンツ

Check Point

- ハイウエスト&センタープレス入りできちんと感を底上げ
- タック入りならお腹や腰周りから目線が外れてすっきり見え
- パンツの太さは裾幅24〜28㎝の間が好バランス

みなさん、大人になってもやめられない「好きなもの」ってありませんか。

例えば大好きなアーティストのロゴTシャツ、古着っぽいニュアンスのスウェットやかわいいモチーフ柄のセーターなど…。

「さすがにもう無理かな」と諦めようとしている人はちょっと待って。

それらすべて、「縁の下のワイドパンツ」があればまだ着られます!

ワイドパンツは一言で言えばカッコいいアイテム。

パンツですから当然マニッシュな雰囲気がありますし、**ワイドなシルエットには大人っぽさも、さらにセンタープレスならきちんと感もあります**。なので、これをはくだけで、**やんちゃで若いアイテムを、大人っぽくシックに落ち着かせることができる**んです。

さらにベルトループのあるものなら、お腹周りや腰周りから目線が外れるのですっきり見せ効果抜群。体型カバーにも役立つ「縁の下の力持ち」ワイドパンツをぜひ試してみてください。

きちんとワイドパンツで ロゴTもシックに着られる

大好きなロゴTシャツは、今までのデニムをワイドパンツに替えれば、40代、50代にも似合う大人カジュアルな着こなしに。コツは脇を固めるアイテムを、きちんと感のあるものでまとめること。ステンカラーコート、レザーバッグなどが役立ちます。色数を絞ることで、さらに品良く見せられますよ

パンツ 無印良品（スタイリスト私物） Tシャツ、コート coen メガネ Lattice ピアス 3COINS バッグ ル・ベルニ（キャセリーニ） スニーカー ヒラキ

足元はスニーカーなのに
若づくりって感じもない。
これ、すごく好き〜!
Naoko Fuyama

CITY Of
BOSTON
USA
CRADLE OF FREEDOM

やんちゃな赤スウェットも大人のこなれスタイルに

カジュアル度高めの古着風スウェットも、ワイドパンツでグンと品のある着こなしに。引き締め力のある黒ボトムスなら、キレイめにまとまるので、小物がカジュアルでも大丈夫。裾をインしてウエストを見せるときちんと感が強まりさらに大人っぽく

パンツ UNIQLO（スタイリスト私物） スウェット ニコアンド（アダストリア） 帽子 UNIQLO ピアス Lattice ネックレス ROCCO バングル 私物 バッグ coen サンダル EVOL

ボウタイブラウスの上品さが際立つのもワイドパンツ

ワイドパンツはキレイめ志向の甘杉さんタイプにもおすすめ。エレガントなボウタイブラウスとの組み合わせは、フェミニンでありつつ、甘いだけではないシャープさが引き立ち、年齢にふさわしい雰囲気に。淡いカラーのワントーンならクール過ぎない着こなしに

パンツ GU（ジーユー） ブラウス アメリカンホリック ピアス 私物 バッグ シューラルー サンダル EVOL

前から／マーメイドスカート、プリーツスカート GU（ジーユー）

ちょいひら ロングスカート

Check Point

- □ ふくらはぎが半分以上隠れるロングの丈感は絶対!
- □ 裾にひらっと感があることでお腹やお尻に目がいかず着やせ効果も
- □ 形がかわいい分、カラーはモノトーンで控えめに

さて、そろそろ「スカート」の話もしましょうか。40代、50代に必要なのは、**ふくらはぎが隠れるすとんとしたロング丈、それでいて動くと少しだけ裾が揺れる「ちょいひらスカート」**です。

ウエストのくびれが少ない大人世代がフレアーやギャザーのスカートをはくと、下半身全体が大きく見えてしまいがち。でも**軽素材で落ち感のあるプリーツスカートならすらりと見えますし、マーメイドなら太もも周りがすっきり見え、ひざ下が長く見える効果が。腰周りやお尻を隠してはけばスタイルアップ**は確実です。

「ちょいひらスカート」がその力を発揮するのは、ユニセックスなアイテムとのコーディネート。

例えばメンズっぽいシャツやボーダーカットソー、ワーク調のアウターなどに合わせても、年相応のかわいらしさや落ち着いた雰囲気が出せるようになります。

夫や息子とワードローブが被ってしまうという普山さんタイプは、ぜひ試してみて。

スカート以外はみんな
持っているわ。新しい
自分に出会えるかも～

ボトムスをスカートにすれば一気に女性らしい雰囲気に

デニムやカーゴパンツに合わせていたユニセックスなブルーシャツは、ボトムスを白のマーメイドスカートにチェンジ。お尻や太ももカバーしつつ、いつものカジュアル服に上品さやかわいらしさを与えてくれます。小物は厚底靴などボリュームのあるものを選ぶとバランスよくまとまります

スカート GU（ジーユー）　シャツ coen　キャップ キャセリーニ　ピアス Lattice　リュック GU（ジーユー）〈一部店舗のみ販売〉　サンダル ローリーズファーム（アダストリア）

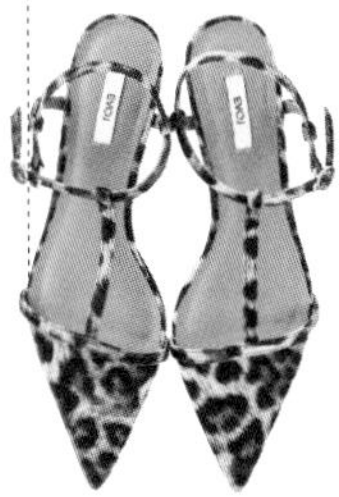

Point

繊細な揺れを目立たせるなら ジャケットとの合わせも◎

軽やかな透け感と繊細なプリーツが魅力のロングスカート。スカート派の甘杉さんが大人っぽく着るなら、ジャケットスタイルを試してみて。インに着るTシャツはあえて裾をアウトにしてお腹周りをカバー。オーバーめなジャケットは腕をまくり、きゃしゃな手首を出すことでメリハリのある着こなしに見せられます

スカート GU(ジーユー)　ジャケット GU(ジーユー)〈一部店舗のみ販売〉　Tシャツ UNIQLO(スタイリスト私物)　ピアス　3COINS　ネックレス、ブレスレット　ラピュイ(キャセリーニ)　バッグ　ル・ベルニ(キャセリーニ)　サンダル EVOL

スカートが目を引く
ジャケットスタイル。
確かにステキだわ!
Aimi Amasugi

右から／黒ジャケット UNIQLO（スタイリスト私物） ベージュジャケット GU（ジーユー）〈一部店舗のみ販売〉

本気じゃないジャケット

Check Point

- ☐ ボックス型でウエストシェイプがない、すとんとしたシルエット
- ☐ 着丈はお尻にかかるくらいの長めのものを
- ☐ 黒のほか、軽やかなベージュも使いやすい

手持ち服を活かす「万能サポート服」、続いては「本気じゃないジャケット」です。ジャケットといっても、本気の、仕立てのいいものが必要というわけではありません。

たとえリーズナブルなものであっても、**ジャケットはまるで「魔法の薬」。着るだけで手持ちのカジュアル服はみんな格が上がり、大人っぽく見違える**のです。

甘めな花柄や、派手なカラーアイテムも大人に昇華できるので、年齢と服装が合わなくなってきたと感じる方には特におすすめ。

選ぶときのポイントは、**ウエストシェイプのない「ボックスシルエット」であること**。丈は長めのものが良いでしょう。お仕事感が少なく、カジュアルアイテムと合わせやすく使い勝手も抜群。色は黒の他、ベージュも上品。

着るときのポイントは、袖口を必ずシャツのように折り返すこと。こうすることで全体的にすとんとしたシルエットのジャケットでも体に馴染み、バランスよく着ることができます。

ジャケットがあれば
大好きなワンピースが
もっと着られそうね
Aimi Amasugi

リゾート風の派手ワンピも こなれたタウン仕様に

一枚あると便利なジャケット。例えば、「街でそのまま着るには派手かな？」というリゾート風のカラーワンピースに羽織れば、華やかさも上品さも備えたちょうど良いお出かけ着に。お仕事用と違って、リラックス感のあるベージュのジャケットなら、足元はサンダルでも大丈夫。袖は思い切って肘までロールアップして軽快に

ジャケット GU(ジーユー)〈一部店舗のみ販売〉　ワンピース coen　メガネ、ネックレス Lattice　ピアス 3COINS　バッグ オウレンティ(私物)　サンダル EVOL

上半身のきちんと感で
大人の女性オーラが倍増！

パンチのあるアイテムは、ジャケットを合わせてクラス感やきちんと感を加えることで、上品な派手さや大人の華やかさを演出することができます。開放感たっぷりのボタニカル柄のグリーンパンツは、パンツの中にある締めカラーとつながる黒ジャケットでキリッと顔に。インナーも無地のタンクトップにしてとことん引き算！

ジャケット UNIQLO（スタイリスト私物）　タンクトップ 私物　パンツ アメリカンホリック　イヤリング Lattice　ブレスレット ラピュイ（キャセリーニ）　バッグ ZARA（私物）　サンダル EVOL

Rika Hadekawa
私には関係ないと
思っていた黒ジャケが
ステキに見えてきたわ

右から／白のワイドデニム UNIQLO　ブルーのワイドデニム GU（ジーユー）　濃紺のワイドデニム 無印良品（スタイリスト私物）

良識ある ワイドデニム

Check Point

- □ 脚のラインが一切出ないワイドなシルエット
- □ 強いウオッシュやダメージ加工は避けて色味は均一なものを
- □ ややハイウエストで腰周りがタイトすぎないもの

40代、50代になって、「デニムをはきたい気持ちはあるけれど、もう私には似合わない気がしてはけない」と思っている方がいるとしたら、それはもったいないこと。

　確かにデニムはカジュアル色の強いアイテムですが、選び方や着こなしに気をつければ、何歳になってもステキにはくことは可能です。

　大人が選ぶべきデニムのポイントは、**脚のシルエットが一切出ないセミワイド〜ワイドなシルエットであること**。ただし、筒が太すぎるとカジュアルになりすぎてしまうので、バギーほど太いのはNG。

　ダメージやクラッシュは、清潔感を損なう危険があるので、基本的に避けて。**スラックスパンツの素材がデニムになったくらいのキレイめなものが安心**です。

　サポート役としてもデニムはもちろん優秀！　例えば甘杉さんのワードローブのように、キレイめなものが多いという場合、デニムが持つカジュアルな雰囲気は、**着こなしにリラックス感や抜け感を与えてくれます**。気負っていない、大人の余裕を演出できますよ。

Tシャツ&デニムには
トラッドスタイルで品良く

インディゴのデニムはネイビーのスラックスと同じと思ってOK。よりキレイめにはきたいならトラッドに味つけを。金ボタンジャケットやレザーバッグ、さらにクラシックなストラップシューズを合わせれば、Tシャツとデニムのカジュアルコーデでも、品の良い大人のスタイルになります。白ソックスもポイント

デニムパンツ 無印良品(スタイリスト私物)　Tシャツ、バングル GU(ジーユー)　ジャケット、バッグ、ソックス coen　メガネ Lattice　ピアス 3COINS　バッグに結んだスカーフ ROCCO　パンプス EVOL

私、トラッドスタイルが大好きなんです!
やってみたいわ～

気分はジェーン・バーキン？
花柄&デニムには光りものを

甘杉さんの手持ち服にありそうな花柄ブラウスも、デニムでドレスダウンすれば適度に甘さを抑えたカジュアルなコーディネートに。ライトブルーのデニムならブラウスの淡いトーンにもマッチ。ロマンチックになりすぎないよう、小物使いはやや辛口に

デニムパンツ、バングル GU（ジーユー）　シャツ、アメリカンホリック　ピアス Lattice　バッグ Apart by（私物）　パンプス EVOL

黒のシースルートップスも
デニムならヘルシーさが出る

派手川さんが大好きなシースルーやビスチェなど、ちょっぴりクセのあるアイテムも、ホワイトデニムと合わせればクール過ぎずヘルシーに。また、シンプルな着こなしには個性的なデザインバッグも映えるもの。かわいらしい巾着バッグを着こなしのアクセントに

デニムパンツ UNIQLO　シアートップス（ビスチェセット）ローリーズファーム（アダストリア）　ビスチェ ROCCO　チョーカー GU（ジーユー）　ピアス 3COINS　バッグ ヘイ！ミセスローズ（キャセリーニ）　サンダル GU（私物）

左から／黒ワンピース GU（ジーユー）
ベージュワンピース UNIQLO

重力すとん ワンピ

Check Point

- □ ワンポイントやポケットのない、とことんシンプルなデザイン
- □ 首元の開きが少ないもの。「丸首タイプ」がおすすめ
- □ ピタピタしない、すとんとした丈の長いシルエットのもの

続いては、みんな大好きな「ワンピース」です。

ひと口にワンピースと言っても、主役になれるドレスっぽいものや、シャツタイプのものなどさまざまな種類があります。

今回はサポート役としてのワンピースなので、とにかく**「主張がない」ことが大切**！

選んでほしいのは、**ポケットも何もないシンプルなデザイン。丈はやや長めで、重力に逆らわずすとんと落ちるカットソー素材**だと、体がキレイに見えます。

このワンピースはいわばプレーンなTシャツのようなもの。**他のアイテムを主役にしたいときに、さりげなくコーディネートの隙間を埋めてくれたり、重ね着の際にはインナーとして使えたりして、その実力を発揮**します。

色は黒の他、意外とさまざまなカラーを受け止めるベージュもおすすめ。落ち着いた雰囲気になるので40代、50代のワードローブに馴染みます。色の面積が多くても「圧」が出にくい、使い勝手のいい色なのです。

合わせるものでイメージが変えられるのが黒ワンピ

シンプルな黒ワンピースは「味つけ」が命！ ドット柄のバレエシューズと、チェーンストラップつきのバニティバッグという「甘杉セット」で上品な雰囲気に。ワンピース自体はシンプルでも、ちゃんと甘杉さんっぽさがありますよね？ 気になる体のラインは、ややオーバーサイズのニットを肩かけして目くらまし

ワンピース GU（ジーユー） 肩がけしたニットプルオーバー アメリカンホリック メガネ、ピアス、バッグ Lattice シューズ EVOL

Point

やだ、なんだか年相応
のかわいさって感じ♡
気になってきたわ!
Aimi Amasugi

なるほどね〜！
私の手持ち小物が
輝きそうだわ

小物を目立たせたい日も シンプルワンピが活躍

「パンチのあるアイテムばかり持っていて、コーディネートが難しい」という派手川さんタイプにこそ、シンプルな「重力すとんワンピ」が効果的。柄のあるお洋服に合わせると埋もれてしまう派手かわバッグも、シンプルワンピならこの通り、個性が際立ちます。ベレー帽やネックレスも、しっかり存在感が出てセンスの光るコーデに

ワンピース UNIQLO　ベレー帽、ピアス Lattice　ネックレス ラピュイ（キャセリーニ）　バッグ ヘイ！ミセスローズ（キャセリーニ）　サンダル EVOL

手前から／メッシュトップス(ワンピースとセット)、黒のメッシュトップス GU(ジーユー)

無邪気な メッシュトップス

Check Point

- □ 体型もカバーできる身幅が広いゆったりしたデザイン
- □ 着丈は裾インせず着られる短めの丈がバランスアップできる
- □ 黒かベージュ、カーキなどの落ち着いたカラーが活躍

さてさて、続いての「万能サポート服」は「無邪気なメッシュトップス」です。「無邪気って何(笑)!?」というツッコミが聞こえてきそうですが、透け感があって軽やかなメッシュトップスには、「自由で遊びっぽい雰囲気＝無邪気さ」が加わります。

そんなメッシュトップスの効能は、**コーディネートにリラックス感や遊びっぽさ、奥行き感を加えること**。

例えば普山さんのベーシックなワードローブに取り入れれば、真面目になりすぎない大人の余裕が。キレイめアイテムが多い甘杉さんのワードローブに取り入れれば、今どきのカジュアル感がミックスできるようになります。

選ぶべきは、ゆったりとしたシルエット&短め丈のもの。

いわゆるシアー素材より透け感が控えめなメッシュは、ボディラインの目くらましにも効果的。身幅の広いトップスなのに野暮ったくならないのが良いところ。

紫外線や寒さ対策で着ていたカーディガンとスイッチすれば、グンと鮮度が上がります。

新鮮な着こなしだけど
お馴染みアイテムも
多く、まねできそう!

簡単なワンツーコーデも メッシュの力で鮮度アップ

今まではパーカーを合わせていたデニムスカートの上を、メッシュトップスにするだけで一気にスタイリッシュに。合わせる小物はスニーカーサンダルにキャップの「いつものセット」でOK。カジュアル感はありつつも、シンプルで大人っぽいスタイリングなので、バッグはちょっと遊びのあるものを選んでもシックな雰囲気に

トップス、サンダル GU(ジーユー)　タンクトップ 私物　スカート UNIQLO　キャップ、バッグ キャセリーニ　ピアス ROCCO　バングル Lattice

同系色のオールインワンに重ねてさらっとアレンジ

メッシュトップスはサロペットやジャンパースカートにさらっと重ね着するアプローチも簡単。いつも下に着込むばかりのサロペットの印象が変えられるだけでなく、ショート丈で重心が上がるので、さりげなく脚長に見える効果も。柔らかなベージュのワントーンでまとめれば、まるでセットアップのような統一感のある着こなしに

トップス(ワンピースとセット) GU(ジーユー)　サロペットパンツ オペーク ドット クリップ　タンクトップ ROCCO　ネックレス GU(私物)　ピアス Lattice バッグ 私物　パンプス EVOL

サロペット大好き!
メッシュが入ると
夏らしくなってステキね

右から／ブルゾン　GU（ジーユー）、コート　無印良品（スタイリスト私物）

存在感のない春アウター

Check Point

- □ シャリ感のある軽い素材感のものがシーンを選ばず使いやすい
- □ スタンドカラーならカジュアルアウターでもシャープさをキープ
- □ 濃色のものはマニッシュになりすぎるので、淡いトーンのものを

春アウターとして代表的なものといえば、トレンチコートがあります。

もちろん私も大好きですし、着丈の違うもの、色味の違うものなど何枚も持っています。

ただトレンチコートはきちんと感が強く、カジュアルに着るのが難しいので、「サポート服」としてはちょっと使いにくいところも。

そこでおすすめしたいのはいわば「新薬」のような「存在感のない春アウター」。

ポイントは**とにかく主張しない淡いカラー、軽い素材であること**。さらに**ほんのリスポーティ、またはワーク調ディテールのものを選んで**。そうすれば、キレイめアイテムと合わせてもかっちりせず、普段のスタイリングにも馴染みやすくおすすめです。**着丈はショートでもロングでもどちらでもOK！**

クセが強い派手川さんや、キレイめな甘杉さんのようなワードローブにはちょうど良い中和剤になりますし、ベーシック派の普山さんのスタイルには、程よくクール感をミックスしてくれます。

バランスを変えて楽しむ フェミニンな花柄スカート

甘杉さんも大好きな花柄スカートは、ショート丈のアウターと合わせてスポーティに着こなすのも新鮮。ショート丈のブルゾンなら上半身がコンパクトに見えるので、スタイルアップも叶います。春らしい明るいトーンでまとめれば、フェミニンな雰囲気を損なうことなく、いつもとはひと味違う、アクティブな着こなしが楽しめます

ブルゾン GU（ジーユー）　Tシャツ アメリカンホリック
スカート ロペピクニック アール　ネックレス Lattice
ピアス 私物　バッグ coen　パンプス EVOL

スポーティな感じは
苦手だけど、これは
できそうな気がする!
Aimi Amasugi

スカートでもカッコいいのがステキ。ストライプ柄なら着られそう!
Naoko Fuyama

スポーティな春アウターで
スカートの甘さを払拭

普山さんをはじめ、スカートは苦手という方におすすめしたいのが、こんな甘くないスカートスタイル。春アウターのスポーティっぽさがスカートの甘さを中和、さらにインナーの黒Tシャツがカッコよさを強調してくれるので、全体がさっぱりクールな印象に。袖はキュッとロールアップし、トレンチコートとはひと味違う軽快さを楽しんで

コート 無印良品(スタイリスト私物)　タンクトップ、スカート、キャップ coen　バッグ、ピアス 私物　サンダル EVOL doctor's note

処方箋

10

右から／ボレロカーディガン（タンクトップとセット） GU（ジーユー）
カーディガン UNIQLO

着たり着なかったりカーディガン

Check Point

- □ 着丈はウエストくらいまでの短めなものが使いやすい
- □ やや薄手のものか、シースルータイプが軽やか
- □ 白や薄いグレーなどの、ライトカラーが合わせやすい

最後の「万能サポート服」は、「着たり着なかったりカーディガン」。「着たり着なかったり」と言っているのは、文字通り着る以外の方法で使うことが多いから。

例えば、**シンプルな着こなしで「何か足りない？」という日は、アクセサリー代わりに肩がけしたり、軽く羽織ったりすることで顔周りに立体感や色味をプラスできます。**

着る場合も、本気で着るというよりは、肌見せ分量を調整したり、体温調節のためにそっと添えるような感覚で。

アクセサリー代わりにするなら、差し色的な華やかなカラーでも良いのですが、「サポート役」としては、メインの着こなしをジャマしない、**白や薄いグレー、さらにやや薄い素材や透け感のあるものが使いやすい**です。

さらに**着丈は、ボトムスのシルエットをジャマしない、ウエスト丈くらいまでのものが好バランス。**

一見難しそうなボレロデザインは、実はTシャツなどにも羽織りやすいのでぜひ取り入れてみて。

存在感を出さずに
カジュアルTを引き立てる

ロゴTシャツにギャザースカートのカジュアルなコーディネートをカーディガンで柔らかな印象に。着丈が短いボレロタイプなら、上半身がコンパクトに見えて全身バランスがアップ。Tシャツの裾は出すよりインしてウエスト位置を示したほうがすっきり見えます

ボレロカーディガン（タンクトップとセット）、チョーカー（ネックレスとセット） GU（ジーユー）　Tシャツ、バッグ 私物　スカート coen　キャップ キャセリーニ　メガネ Lattice　ピアス ROCCO　パンプス ヒラキ

薄く透け感のあるカーデなら
真っ黒スタイルにも浮かない

黒のワイドパンツに黒のノースリーブトップスという上下「真っ黒コーデ」。突然の白カーデが浮かないのは、コンパクトなデザイン、かつ薄手で透け感のある素材だからこそ。上下が同じ色の着こなしは、ベルトマークやスカーフでメリハリをプラスして

ボレロカーディガン（タンクトップとセット）、ベルト GU（ジーユー）　タンクトップ 私物　パンツ ニコアンド（アダストリア）　スカーフ シューラルー　バッグ STEPHEN（私物）　サンダル EVOL

肩がけカーデがあれば ネックレスなしでイケる！

いくつになってもサロペットは大好き！ 中にＴシャツを入れるのは王道ですが、ちょっと子供っぽく見えそうなときは、カーディガンを肩がけしてみて。自然に重心が上がるので足元がぺたんこ靴でもすらりと見えますし、カーディガンの立体感は肩周りの肉感もカバー。UVカット機能つきのカーディガンなら日焼け対策にも

カーディガン UNIQLO　Tシャツ UNIQLO（スタイリスト私物）　サロペットパンツ ROCCO　イヤリング Lattice　バングル ラピュイ（キャセリーニ）　バッグ 私物　パンプス EVOL

派手じゃないけど
これはおしゃれ感が
あっていいと思うわ
Rika Hadekawa

あきこ先生のお悩みカルテ 01

お悩み

流行のシースルートップス。
インナーに何を着るか、いつも悩んでしまいます

**見えてもかわいい
レースつきインナーなら
良いですよね?**

あきこ先生:

レースの存在感がジャマして、トップスのデザインに目が行きませんね。下着見えの恐れも…

おしゃれの処方箋

処方箋 ❶

シースルートップスは
インナーまでがセット

チュールトップス ROCCO　その他 私物

透け感のあるアイテムは、**インナーの見え方までをセット**で考えて。肩ひもレースは女性らしいですが、その分下着っぽく見えてしまうのと、トップスのデザインが引き立たなくなる場合があるので避けて。**シンプルなキャミソールやベアタイプのものがすっきり見えます**

とりあえず、
黒インナーなら
間違いないですよね?

シアートップス coen　その他 私物

あきこ先生：

これだと黒インナーが悪目立ちしていますね。ボトムスとの境目もはっきり出てしまっています

おしゃれの処方箋

ボトムスの色が

黒のとき ⇒ 黒

白のとき ⇒ 白

処方箋 ❷

インナーは ボトムスの色に 合わせるのが正解!

インナーの色はトップスに合わせれば良いというものでもありません。**気にするべきはウエストを挟んでの「分断感」**。ボトムスが黒なら黒、白なら白と、ボトムスと同じ色にすることで、インナーが悪目立ちせず品良く見えます

Dr. Akiko's advice

おしゃれのバランスを
整えてくれるのは、
見過ごしそうな普通の服

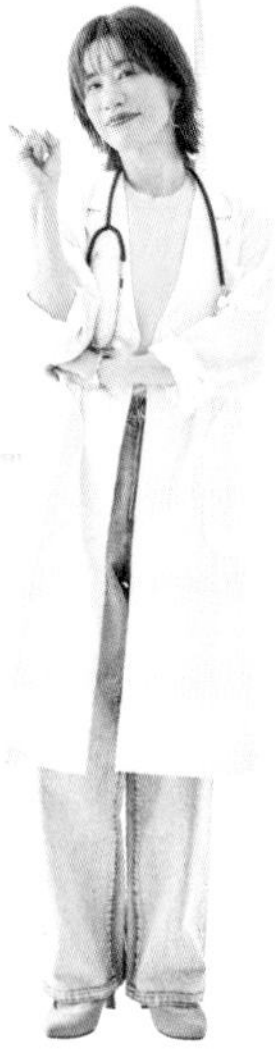

Chapter 2

合わせやすい有能小物の処方箋16

Chapter 1では、手持ち服を活かすサポート服についてお話ししてきました。続くChapter 2では、同じように手持ち服を最大限に活かす「有能小物」について考えていきましょう。

手持ちの小物を見てみると、きっとお洋服と同じようにその人の好みがたっぷり反映されているはず。

ただ、「ひたすらに好きなもの」が「好きな服に合わせやすいか」は別の問題です。手持ちのアイテムを整理し、コーディネートしやすいものを確認していきます。

いかがですか？コーディネートが組みやすくなったのでは？
はい！そうなんですが、実は新しい悩みが…
私はいまひとつあか抜けなくて…
ほ〜ぅほ〜ぅ
確かに
私は普通って感じ…
寂しいかも…
なるほど
私はこれでええんちゃう？
う〜ん
いいけどちょっとバラバラ？
OK！次のステップはズバリ「小物」！
バッグ
革靴
手持ち服が輝く**有能小物**についてお話していきますね
アクセサリー
スカーフ

靴のテイストも把握しよう！

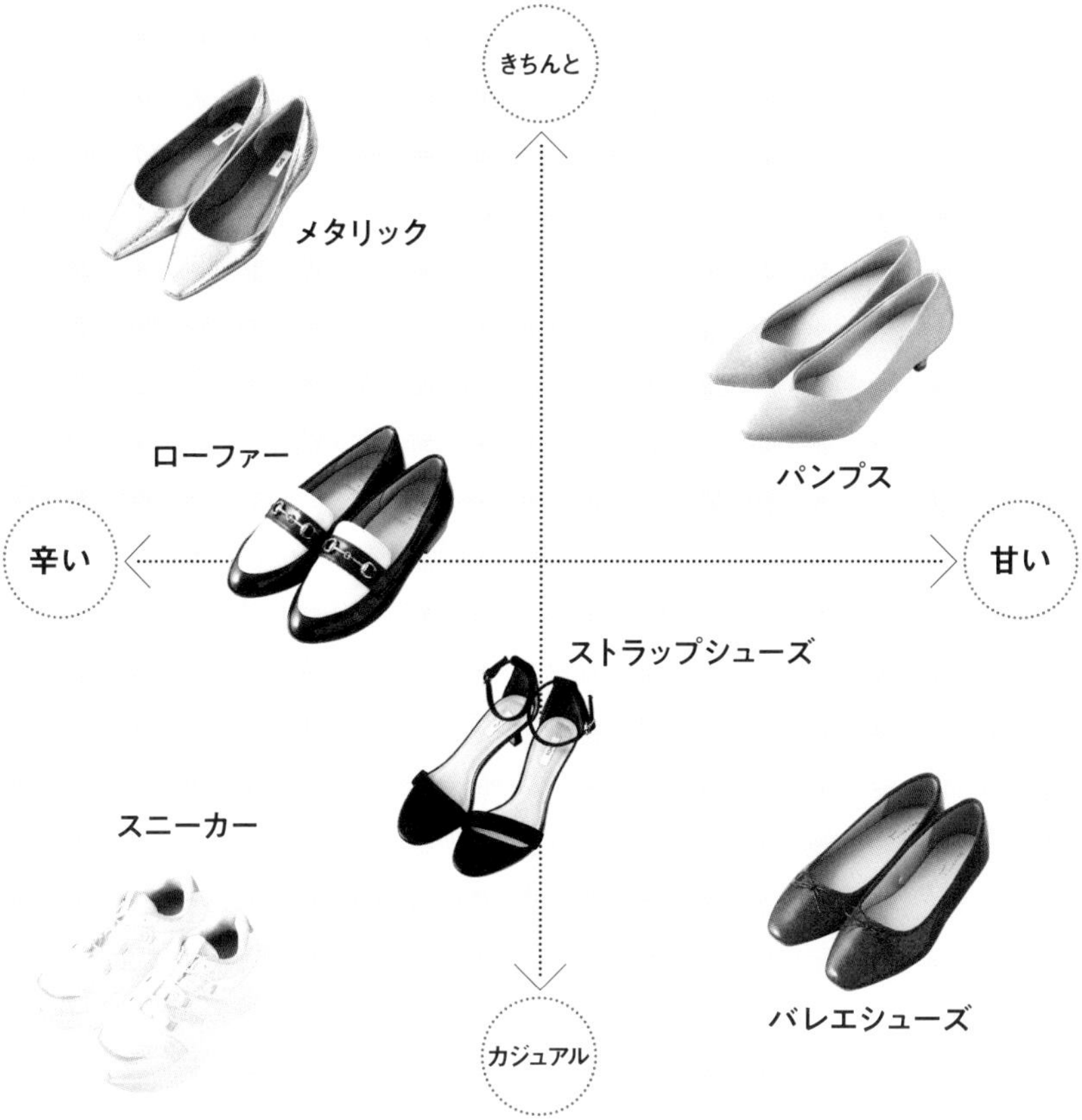
きちんと
メタリック
パンプス
ローファー
辛い
甘い
ストラップシューズ
スニーカー
バレエシューズ
カジュアル

上のマップに当てはめて、自分はどのタイプの靴が多いのかをチェック！すべてをバランス良く持っている必要はありませんが、**「私はカジュアルな靴が全然ない」「きちんとした靴を持っていない」**などがわかると、自分のファッションの傾向がつかめますよ

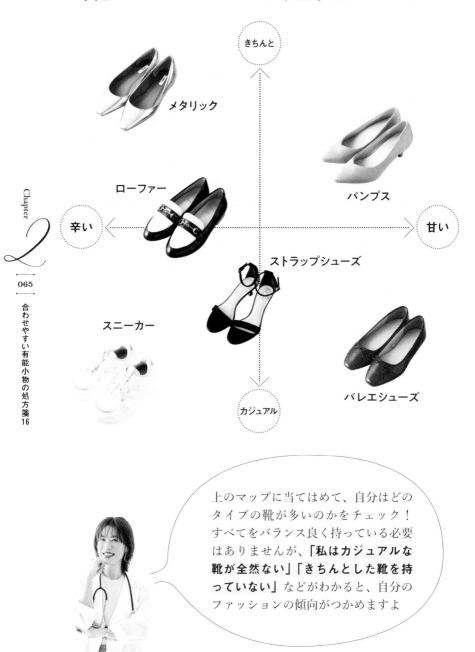

効果てきめん優秀靴 6

右から／Tストラップシューズ、ストラップパンプス EVOL ビットつきローファー ヒラキ 厚底ローファー EVOL

大人のピリ辛トラッド

ここからは、合わせやすい靴を6つに分けてお話ししていきます。

まずは、「大人のピリ辛トラッド」。**ローファーのようなマニッシュなシューズ、ビットつきやTストラップなどのクラシックなディテールのレザー靴のこと**です。

これらの靴は**ローヒールでもきちんと見える**のがいいところ。**足元の引き締め役として活躍**してくれます。

普山さんならスニーカーより大人っぽく、派手川さんなら華やかな洋服を落ち着かせてくれるのも、こんなトラッド靴。

甘杉さんには白やアイボリーなどのトラッド靴がスタイルに馴染んで合わせやすいです。

ハイライト効果のある
メタリック

続いて「メタリック」。ゴールド、シルバーなど輝く素材のシューズは、**足元が明るくなり、コーディネートが華やかに見えるハイライトのような効果**が。

ベーシックな着こなしが多い普山さんや、シンプルすぎて少し物足りないと感じる日に実力を発揮してくれます。

また、メタリックのもうひとつのメリットは**アクセサリーと同じ感覚で気軽に取り入れられること。コーディネートの色や柄をジャマしない**ので、とても重宝します。派手川さんのように色や柄が多くなりがちな方も、これ以上色や柄を増やさずコーディネートにプラスできます。

右から／ストラップパンプス ル・ベルニ(キャセリーニ) パンプス、ストラップサンダル EVOL

脇役にならない華やか靴

右から／ダブルリボンパンプス、レオパード柄ストラップサンダル、ドット柄バレエシューズ EVOL

「合わせやすい靴」をと考えると、黒や茶など控えめな色の靴が増えていきますよね。

でも、**服では取り入れにくい華やかなカラー、パンチのある柄ものは、靴の小さな面積だからこそ取り入れやすく、ポイントにしやすいアイテム**。

おすすめしたいのは普山さんのようなシンプルな格好に、華やか靴はとても映えます。

しゃしゃらないパンプス

右から／メッシュパンプス ヒラキ　デニムパンプス GU（ジーユー）　ピンクパンプス ロペピクニック パサージュ

「しゃしゃらないパンプス」は、文字通り、**コーディネートをジャマしない、存在感が控えめなサポート役**。ポイントは「単色」「飾りのないデザイン」であること。

このパンプスは、インパクトの強い洋服をたくさん持っている派手川さんタイプにおすすめ。

ヒールの高さは5〜7センチ程度のミドルのものが使いやすいです。

厚底で色のないスポーツシューズ

40代、50代には安定感があって歩きやすい、スニーカーなどスポーツ系のシューズも便利です。**厚底&ワンカラーのスポーツシューズは、ボリュームのあるスカートと好相性**。

特に甘い着こなしがお好きな甘杉さんタイプは、スニーカーよりペディキュアが見せられるスポーツサンダルが合わせやすくおすすめです。

右から／スポーツサンダル GU（ジーユー） スニーカー ヒラキ 黒スポーツサンダル ローリーズファーム（アダストリア）

三種の神器サンダル

右から／ストラップサンダル、ジュートウェッジサンダル、レザー調フラットサンダル EVOL

最後はコーディネートしやすく、この本でも大活躍の**「神サンダル」**がこの3タイプ！

まず、**きゃしゃでフェミニンに見える「ストラップ型」**。黒だけでなく、メタリックも便利。**程よいカジュアルが出る「ウエッジタイプ」**は、ホワイトが重宝。**引き締め力がある「ぺたんこレザー」**は革靴感覚で履ける焦げ茶が使いやすいです。

バッグの偏りも考えてみよう！

きちんと
レザーハンドバッグ
チェーンバッグ
クラッチ
辛い
甘い
巾着
キャンバストート
かご
リュック
カジュアル

バッグも靴と同じようにマップに当てはめて、偏りを確認してみましょう。カジュアルなものばかり、反対にかっちりバッグしか持っていない…という状態だと、コーディネートは広がらないかも？ **ファッションには「ミックスする」という感覚が大切です**

優秀バランサーバッグ 6

協調性のある メタリック

ここからはコーディネートをバランス良く整えてくれるバッグについてお話しします。

まずは、靴でも出てきた「メタリック」。

メタリックは華やかなのに色の主張は少なく、どんな色や柄のコーディネートともマッチし、みんなと仲良くできる協調性バッグンのカラー。

色や柄ものが多い派手川さんはもちろん、ベーシック派の普山さんタイプにもおすすめです。

メタリックバッグはシャイニーな輝きがあるので、**地味に感じた日でも持つだけでパッと華やかに見せてくれます。**

40代、50代のコーディネートにツヤや元気さを加えてくれる存在です。

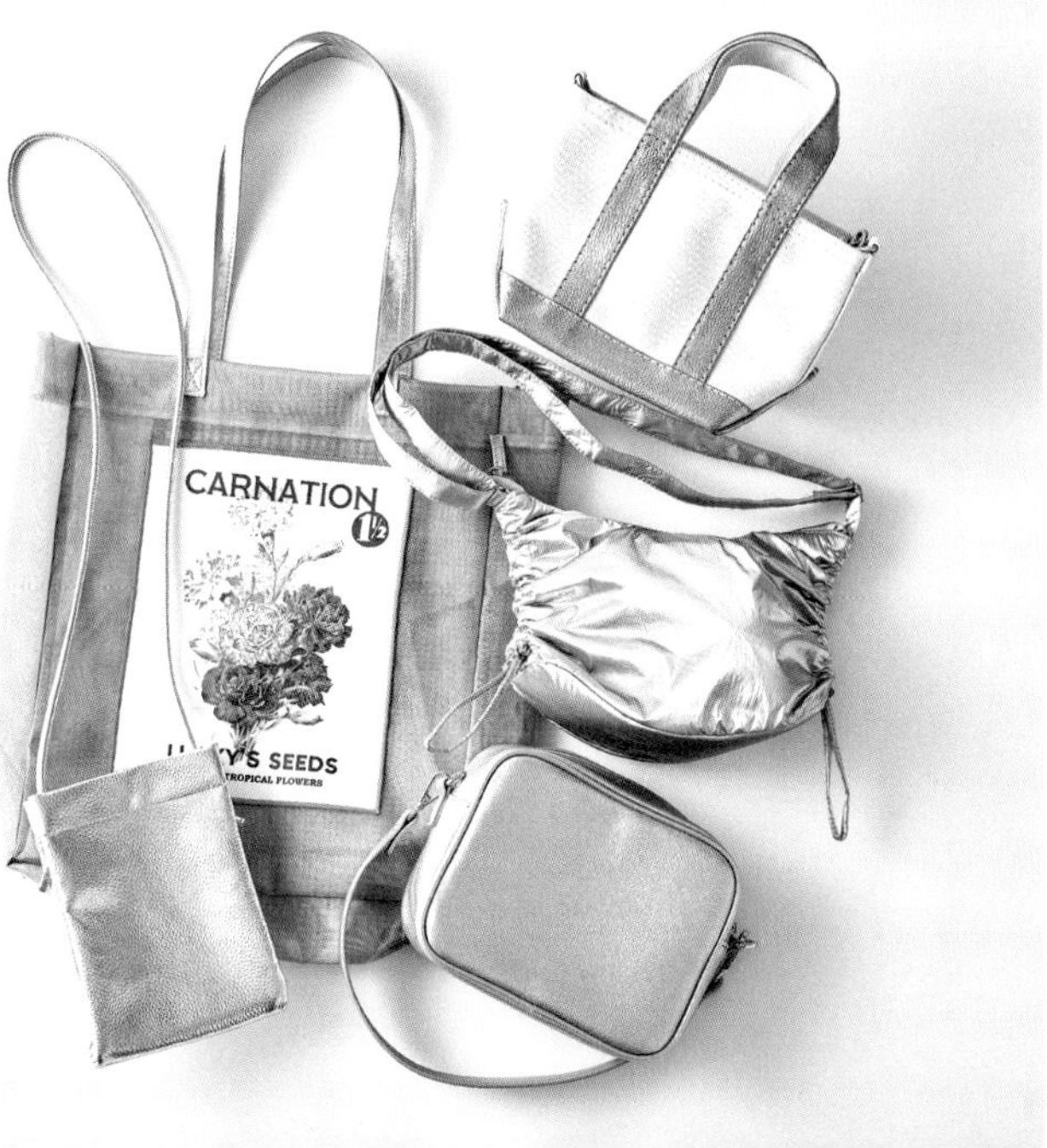

右上から時計回りに／ミニトートバッグ L.L. Bean（私物） ドローストリングバッグ GU（ジーユー） ゴールドバッグ、シルバーショルダーバッグ coen トートバッグ キャセリーニ

肩の力が抜ける巾着バッグ

ほっこりするかわいらしさと、肩の力が抜けたカジュアル感を与えてくれる「巾着バッグ」。「トート型のバッグでは仕事みたいで真面目」「でもリュックだとスポーティ」なんて場合は巾着型バッグの出番！

カジュアルな雰囲気はありますが、**レザー素材を選べばキレイめなスタイルにもマッチ**。親しみのあるかわいらしさに。

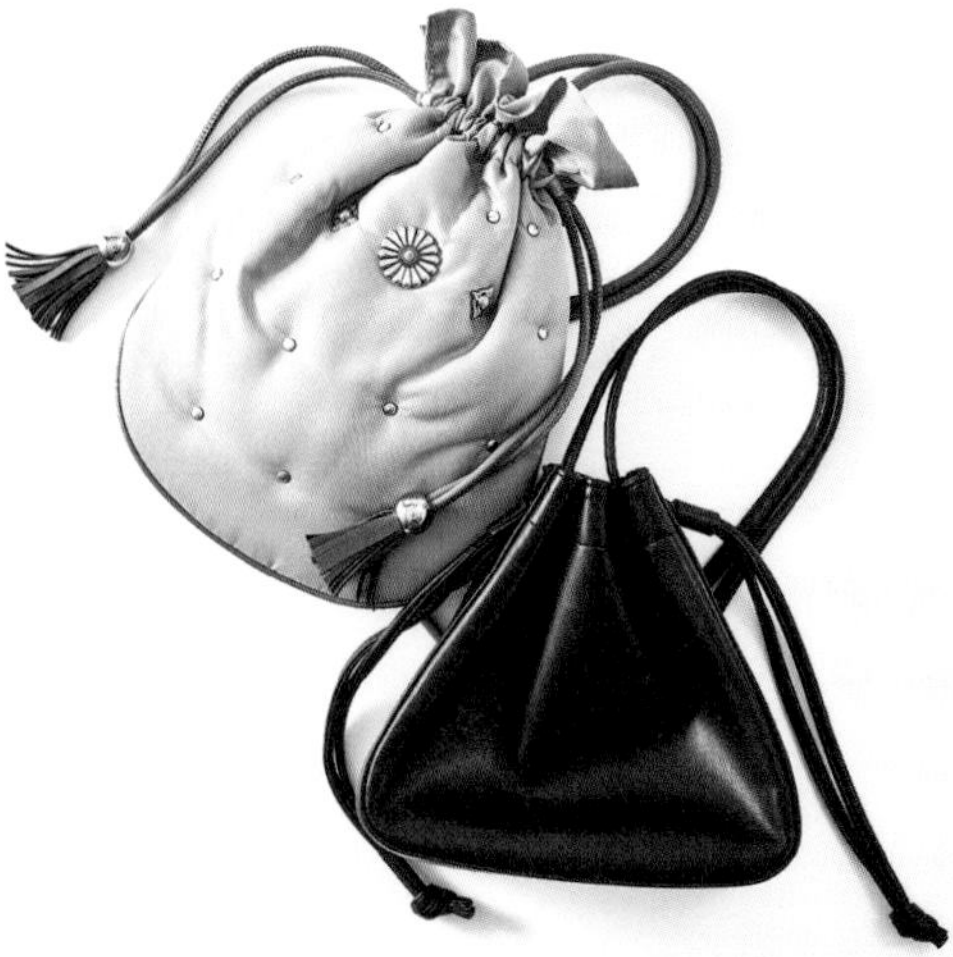

右から／黒巾着バッグ 私物　カーキ巾着バッグ コントロールフリーク（キャセリーニ）

何か足りない日のカラーバッグ

シンプルなコーデのアクセントになる色バッグ。**色選びは好き&惹かれる色でOK**。洋服では取り入れにくいカラーも、バッグならハードルが下がるはず。普段シックな色味の人こそ、大胆なチャレンジを！

ただ、**「大きさ」には注意。色バッグは、大きくなるほどコーディネートが難しい**もの。**小ぶりなもの**から取り入れて。

右から／ピンクバッグ ル・ベルニ（キャセリーニ）　オレンジバッグ シューラルー

急にかわいくなる チェーンバッグ

持つと一気に華やかでかわいい雰囲気になる「チェーンバッグ」。**ゴールドの金具はまるでアクセサリー！ シンプルな着こなしでも一気に全体の格が上がり、きちんと感が出ます。**

右から／黒バニティバッグ Lattice　ベージュバッグ オウレンティ（私物）

開放的な 軽ナイロン

コーディネートにラフさや若々しさをプラスしてくれる「軽ナイロン」。軽くて便利ですが、40代、50代はややキレイめなスタイルに合わせたほうが、上品でおしゃれに見えます。

右から／ショルダーバッグ UNIQLO　リュック GU（ジーユー）〈一部店舗のみ販売〉

即ハッピーになれる かごバッグ

ラフな雰囲気が出る「かごバッグ」。憧れのパリジェンヌをイメージして持てば**気分もコーデもハッピーに♪ ほんのり甘い、リラックスカジュアルが楽しめます。**

かごバッグ coen

実はあったほうがいい

サプリメント小物 4

髪色に馴染む帽子

最後は、必要に応じてプラスしたい「サプリメントのような小物」についてです。

まずは「帽子」。夏は紫外線から髪や頭皮を守るためにも必要ですし、コーディネートのポイントとしても効果的。目線が上がるので、**全身のバランスが良く見えます。**

大人世代におすすめなのは、茶色、黒、ベージュなど、「髪色に馴染むもの」。顔と一体感があると、きゅっと小顔に。

反対に気をつけなければならないのは、「ツバが広いもの」。面積が増える分、場合によっては顔が大きく見えてしまったりすることも…。キャップや、バケットハットでもツバが下向きで狭いものを選ぶのがポイントです。

キャップ キャセリーニ　シャツ GU(ジーユー)
タンクトップ ROCCO

奥から／クロシェハット UNIQLO　黒キャップ（モデル着用と同じ）キャセリーニ　ロゴキャップ coen

メガネ UNIQLO　メッシュトップス GU（ジーユー）　タンクトップ UNIQLO（私物）　パンツ ローリーズファーム（アダストリア）　ピアス ROCCO

上から／ブラックメガネ GU（ジーユー）　ブラウンメガネ（モデル着用と同じ）UNIQLO　クリアメガネ Lattice

顔が薄い日のメガネ

ふたつ目は「メガネ」。メガネはネックレスやピアスと同じ「アクセサリー」。みなさん恥ずかしがらず、もっと気軽にかけてみましょう！

メガネの効果はズバリ、「引き締め役」。コーディネートが締まらない、何だか顔がぼやけて見えると思ったときに、足してみると意外にハマるので試してみて。

フレームは、初心者さんなら顔に馴染みやすい「べっこうタイプ」がおすすめ。シルバーやゴールドの「メタルタイプ」も、知的に見えつつ、存在感は軽いのでかけやすいはず。「黒フレーム」は印象が強くなりやすいので、やや細めのものを選んで。

右から／ピンク系スカーフ シューラルー　ブラウン系スカーフ ROCCO　イエロー系スカーフ（モデル着用と同じ）私物

スカーフ 私物　カットソー UNIQLO（スタイリスト私物）　パンツ ローリーズファーム（アダストリア）　ピアス ラピュイ（キャセリーニ）　ブレスレット Lattice

キュッと結ぶスカーフ

スカーフと言うと、「マダムすぎる」「エレガントなもの」と思う人もいるかもしれませんが、40代、50代にはもっと**カジュアルに普段使いしてほしいアイテム。**

Tシャツの首元にキュッと巻けば、シンプルなコーデでも華やかで大人の着こなしになりますし、バッグの持ち手に巻けば、普段使いのバッグも、パーティ仕様にドレスアップできます。

色は、「ベースの色」を見て選ぶと失敗しにくいです。柄にオレンジやイエローが入っているものは、顔がパッと明るく見えるのに馴染みやすいのでおすすめ。

大きさは、最初は小判が使いやすいです。

くすみ飛ばしアクセサリー

最後は「アクセサリー」についてです。

年齢を重ね、心もとなくなってきた首元や手元にツヤや輝きを与えてくれるのがアクセサリー。ゴールドでも、シルバーでも、輝いていればどちらでもOK！　最近は**金銀をミックスしてつけるのがカジュアルに抜け感が出ておすすめ**です。

重ねづけのポイントは、リングもブレスレットも、きゃしゃなものとゴツめのもの両方をつけること。

なくしてしまうことも多いアクセサリーは、プチプラで十分。GUには、セットで売っているものもあるので、組み合わせが心配な方はセットで購入すると、簡単に取り入れられます。

ブレスレット キャセリーニ　リング すべて私物　ブラウス coen

ネックレス、バングル、イヤリング Lattice

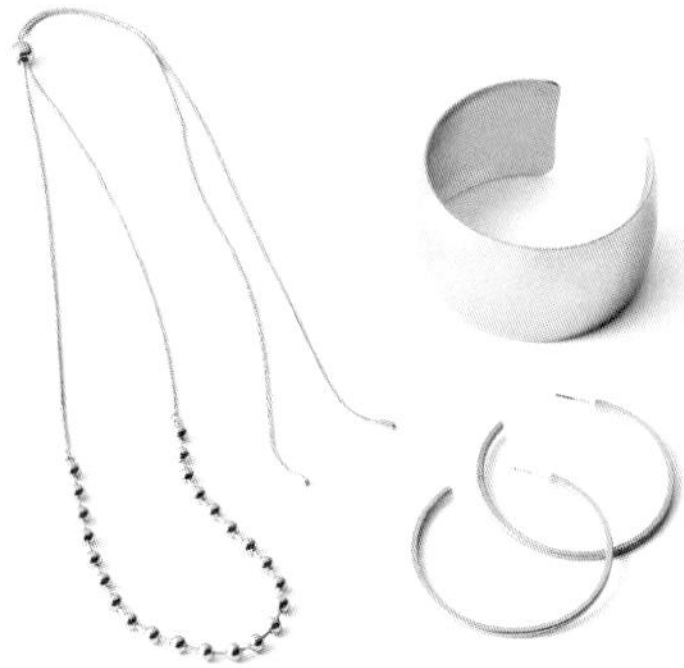

ネックレス、ピアス Lattice　バングル GU（ジーユー）

あきこ先生のお悩みカルテ 02

お悩み

パールアクセサリーをつけるとどうしても「よそゆき感」が出てしまいます。さりげなくつけるコツはありますか？

あきこ先生：

あらら、首にも耳にも
たくさんつけてしまっていますね！
バランスを整えていきましょう

ネックレスがパールなら、イヤリングもパールじゃないの？

パールネックレス ROCCO
ネックレス、ピアス Lattice
ブラウス オペーク ドット クリップ

おしゃれの処方箋

処方箋 ❶

パールは分散させてつけると日常に馴染むさりげなさに

ネックレス ROCCO
イヤーカフ、ピアス 3COINS

「パールをつけるなら、全部をパールで統一しなきゃ！」と思いこんでしまうことがありますが､それこそが堅苦しさの原因。ゴールドのものとミックスしたり、イヤーカフで軽く取り入れたりと、**パールの数や雰囲気を分散させること**で日常使いしやすくなります

ネックレス ROCCO
イヤーカフ 私物
Tシャツ GU(ジーユー)

処方箋 ❷

真逆なカジュアルと合わせるとうまくいく!

パールアクセサリーを日常で楽しむもうひとつの方法は、パールのエレガントさとは**正反対のイメージを持つTシャツやスウェットなどのカジュアルアイテムと合わせること**。それぞれの持ち味がうまくミックスされて、程良い大人カジュアルに

Dr. Akiko's advice

コーデの引き立て役か
ポイントにするか
それが小物選びのコツ

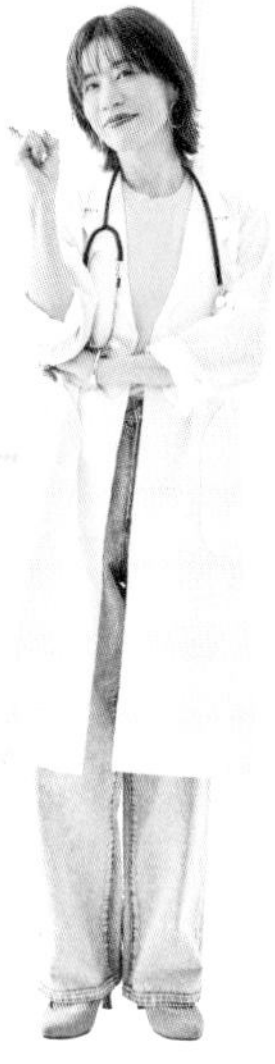

Chapter 3

手持ち服が生き返る あきこ先生のクリニックコーデ12連発

さて、小物の使い方も確認できたところで、いよいよ実際に甘杉さん、普山さん、派手川さん3人の手持ち服のコーディネートを診断！

「もう着られない」と諦めかけていたあの服、「着方がイマイチだな」と悩んでいたこの服…。そんなお洋服をみなさんに持ってきてもらいました。

ここでのコーディネートはみなさんの可能性を広げるための提案。これならできそう！というヒントを見つけて、ぜひぜひ試してみてください。

まだ着たい
手持ち服

01

やめられない花柄スカート

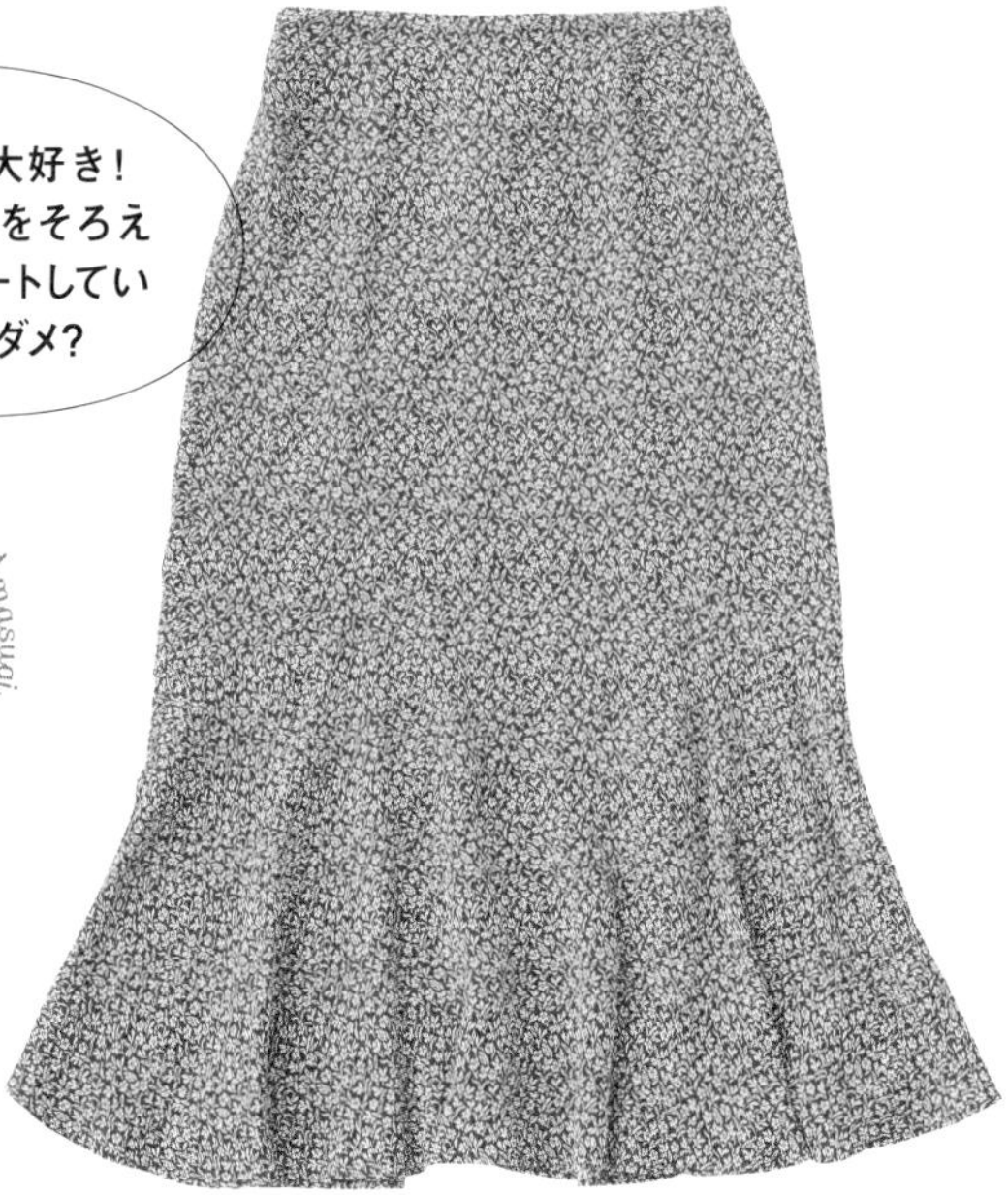

花柄スカート大好き！
テイストや色をそろえてコーディネートしているのですが…ダメ？

Before

わかるわかる、花柄スカートは永遠にラブ♡ですよね！ ただ、今のコーデはフリルブラウスやハート型バッグで、40代、50代が着るには甘すぎるかも…

甘アイテムは一点主義！引き算でヘルシーに

スカート FRAY.ID（私物） Tシャツ UNIQLO（スタイリスト私物） カーディガン UNIQLO サングラス、イヤリング Lattice バングル GU（ジーユー） バッグ coen サンダル EVOL

あきこ先生の 処方箋

花柄スカートはそれだけで甘いので、合わせるアイテムでヘルシーに中和。まずは「無表情な無地Tシャツ」で上半身の甘さを払拭。「着たり着なかったりカーディガン」を肩にふわっと巻いてボリュームを出せば、ネックレスなしでも地味見えしません。目線が上がる分、足元はぺたんこ靴でも脚長見え。レザーサンダルで上品に

増え続けるボーダーカットソー

何枚買ったかわからないくらい好き。ただ、いつも似たようなな着方になっちゃうのよ～

Before

これはこれでステキですが、ボトムスが素朴なコットンスカートだと、大人のエレガントさは足りないかも。年相応の上品さを目指してアップデートしましょう

本気じゃない
ジャケット

着たり
着なかったり
カーディガン

ジャケットさえ羽織れば
「大人の落ち着き」はクリア

ちょいひら
ロングスカート

After

ホワイトデニムで上品&
クールなマリンスタイルに

良識ある
ワイドデニム

あきこ先生の 処方箋

ボーダーカットソーの格上げには「本気じゃないジャケット」も良薬に。カーディガンを肩がけしてカジュアルムードもキープ。辛口な配色にはツヤのあるサテンの「ちょいひらロングスカート」で柔らかさをプラス。足元はサンダルできゃしゃに

ボーダーカットソー ルミノア(私物)　ジャケット UNIQLO(スタイリスト私物)　カーディガン UNIQLO　スカート アメリカンホリック　メガネ Lattice　バッグ 私物　サンダル EVOL

ボーダーカットソーは「良識あるデニム」でキレイめ感をアップ。ホワイトデニムなら、クリーンな色の力でよりエレガントな雰囲気に。パリジェンヌのようにパールネックレスを合わせたり、キャスケットでマリン風味を意識するのも上品見せのコツ

ボーダーカットソー ルミノア(私物)　パンツ UNIQLO　ネックレス ラピュイ(キャセリーニ)　キャスケット キャセリーニ　ピアス 3COINS　バッグ coen　スカーフ 私物　サンダル EVOL

クセになってる派手柄パンツ

派手で個性的なものが好き。ただ、アイテムの魅力がイマイチ引き立っていない気が

Before

派手川さんらしいけど、柄パンツもビスチェも、みんな主役みたいなアイテムだから、お互いに良いところを打ち消し合ってしまっています。メインを決めましょう!

After

色と柄を整理すれば パンツが引き立ち洗練される

無表情な
無地Tシャツ

存在感のない
春アウター

パンツ ジャーナルスタンダード レリューム(私物) Tシャツ UNIQLO(スタイリスト私物) コート 無印良品(スタイリスト私物) ネックレス ROCCO サングラス Lattice バングル GU(ジーユー) バッグ Apart by(私物) サンダル EVOL

あきこ先生の 処方箋

主役をパンツに決めたら、トップスは引き立て役の「無表情な無地Tシャツ」であっさりと。パンツの地色とリンクする淡いカラーの「存在感のない春アウター」なら、ロング丈でも重くならず、差し色バッグのイエローも引き立ちます。足元は辛口のレザーサンダルで引き締めて。大人のリラックスコーデのできあがり

まだ着たい
手持ち服

04

かわいさの象徴 ふんわり袖トップス

色も形も全部好み！
大人っぽいレースのタイトスカートに合わせて上品に着ているの

Before

わぁ！ 本当にかわいいトップスですね♡ レースのスカートもステキですが、一緒に着ると大人にはトゥマッチ。こちらも引き算で着こなしていきましょう

カッコよさを足して大人の上品スタイルに

After

縁の下の
ワイドパンツ

ふんわり袖トップス FRAY.ID(私物) パンツ、ベルト GU(ジーユー) ピアス ROCCO ネックレス Lattice バッグ オウレンティ(私物) サンダル EVOL

あきこ先生の 処方箋

袖コンシャスなトップスは、上半身が横に広がって見えてしまうので、「縁の下のワイドパンツ」を使って縦長ラインを強調させましょう。同系色のウェッジサンダルを合わせれば、さらなる脚長効果もあります。アクセサリーはゴールドでまとめれば、ハートのピアスも大人らしい甘さに

ひとり一枚は持っている大きめロゴTシャツ

ロゴTシャツはたくさんあるの! だいたいデニムかカーゴパンツに合わせています

Before

私もロゴTシャツ大好き! ただ、デニムに合わせて他もカジュアルアイテムばかりで固めてしまうと10代みたいなコーデに。40代、50代らしさを意識してみて

\ After /

とり急ぎの大きめシャツ

存在感のない春アウター

色数を絞ってカッコよく！ロゴTにはパールも合う

ホワイトデニムとパンプスでクリーンな印象を強めて

ちょいひらロングスカート

良識あるワイドデニム

あきこ先生の 処方箋

全身を黒一色でまとめるのも大人のアプローチ。ほんのり甘さを備えた「ちょいひらロングスカート」や、リネンの「大きめシャツ」で黒のグラデーションを作れば、抜けのある大人のカジュアルに。ラフに合わせるパールネックレスは格上げ効果抜群！

Tシャツ ラウンジドレス（私物） 肩にかけたシャツ 無印良品 スカート、ネックレス ROCCO バッグ 私物 スニーカー ヒラキ

カジュアルなロゴTシャツを品良く着るなら、白のワイドデニムのクリーンパワーに頼るのが近道。さらに「存在感のない春アウター」でフェミニンな柔らかさをミックス、顔周りを優しげに。足元は「しゃしゃらないパンプス」できちんと感をバックアップ

Tシャツ ラウンジドレス（私物） ブルゾン、パンプス GU（ジーユー） パンツ UNIQLO キャスケット キャセリーニ メガネ Lattice バッグ ZARA（私物）

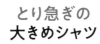

いつの間にか持っている原色ニット

こういうトップスが好きでつい買っちゃうの。デニム合わせなら間違いないでしょ?

Before

配色デザインがステキですね。ただ、合わせたデニムもデザインが凝っているので、少しごちゃっとした印象に。程よく中和させた着こなしも似合うはず!

透け感のあるスカートとスポサンで軽さをミックス

ちょいひら ロングスカート

After

ネイビー&キャメルの「知的セット」で格上げ

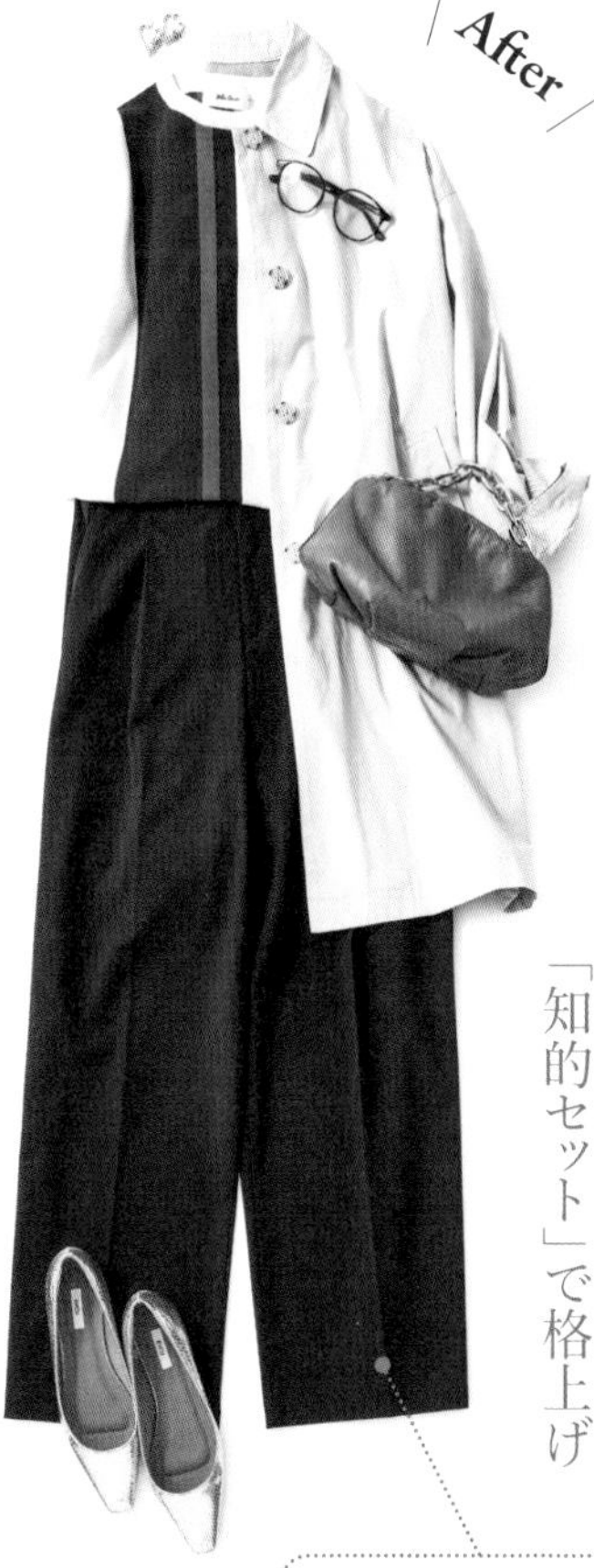

緑の下の ワイドパンツ

あきこ先生の 処方箋

トップスの色柄を引き立てるには、ニットの色とリンクした黒の「ちょいひらロングスカート」も有効。透け感があるプリーツスカートならロング丈でも軽やか。スポサンを合わせたモードっぽい着こなしも、チラリとのぞく肌感でカジュアルに見えます

幾何学柄ニット INGNI(私物)　スカート、バングル GU(ジーユー)　バッグ UNIQLO　メガネ、ピアス Lattice　サンダル ローリーズファーム(アダストリア)

多色使いのカラフルニットは、ネイビーの「緑の下のワイドパンツ」が、柄を引き立て落ち着いた印象へと導いてくれます。知的なムードを盛り上げるのは、ネイビーと好相性のキャメルのバッグ。地味に陥らないよう足元はゴールドパンプスで輝きを

幾何学柄ニット INGNI(私物)　パンツ 無印良品(スタイリスト私物)　コート coen　メガネ UNIQLO　ピアス ラピュイ(キャセリーニ)　バッグ 私物　パンプス EVOL

一生惚れこんでるチュールスカート

見るとつい欲しくなっちゃうチュールスカート。寒色系なら大丈夫だよね?

Before

ロマンチックなチュールスカート、一生はいていたいですよね! ただ、チュールは素材からして甘いので、年齢を重ねれば重ねるほど糖分カットが必要です

とり急ぎの
大きめシャツ

無邪気な
メッシュ
トップス

\ After /

フェミニンの正反対にいる
きりっとシャツを相手役に

甘いのは素材だけに！
色も柄も
辛口にまとめて

あきこ先生の 処方箋

「とり急ぎの大きめシャツ」でチュールスカートの甘さを程よくカット。曲線的でふんわりしたスカートと直線的な角衿シャツの対比が生むメリハリで、バランスの良い着こなしに。足元はちょい辛なピリっと白パンプスで大人に引き締めると◎

チュールスカート セルフォード(私物)　シャツ ロペピクニック　ネックレス、イヤリング Lattice　バッグ Maison Vincent(私物)　パンプス EVOL

チュールスカートは、軽さや抜け感をプラスしてくれる「無邪気なメッシュトップス」でカジュアルダウン。上下をビターなカラーでまとめ、「急にかわいくなるチェーンバッグ」や「脇役にならない華やか靴」を引き立て、高級感のある甘コーデに

チュールスカート セルフォード(私物)　メッシュトップス GU(ジーユー)　タンクトップ coen　メガネ、ピアス、バッグ Lattice　サンダル EVOL

まだ着たい
手持ち服

08

心のパートナー！ワークパンツ

デニム同様、私の一生のパートナーとも言えるワークパンツ。まだステキにはける？

Before

もちろんです！ 今の普山さんのベーシックな着こなしもステキですが、抜け感や少しキレイめな要素を取り入れた着こなしができるかも。やってみましょう

無邪気なメッシュトップス

アースカラーでまとめて簡単おしゃれ見え！

パンツ スピック&スパン(私物) メッシュトップス(ワンピースとセット) GU(ジーユー) タンクトップ ROCCO サングラス、イヤリング Lattice チョーカー ラピュイ(キャセリーニ) バッグ L.L.Bean(私物) スカーフ シューラルー パンプス EVOL

あきこ先生の 処方箋

ユニセックスでカジュアルなワークパンツを40代、50代がステキにはくには「無邪気なメッシュトップス」の力を借りましょう。透け感があってもボデイラインが出にくいゆるっとしたシルエット、短めの着丈でスタイルアップ。アースカラーのワントーンなら落ち着いた大人のキレイめコーデに直結！

まだ着たい
手持ち服

09

テンションのアガるリゾートワンピース

夏はついついつい何枚か買ってしまう派手ワンピ。でも、リゾート以外ではなかなかね…

Before

華やかで気分がアガるワンピースですね！ ワンピースは下に着込むだけでなく、上に重ねることで着こなしが広がる、着まわし力のあるアイテムなんです

無表情な
無地Tシャツ

After

とり急ぎの
大きめシャツ

上からTシャツを着て「スカート使い」するのも手！

下にではなく上に着る！大きめシャツでタウン仕様に

あきこ先生の 処方箋

派手柄ワンピースは「無表情な無地Tシャツ」を重ねて、スカート使いするのも手。グレーの無地Tで色のコントラストを和らげ、キャップやスポサンでスポーティに味つけすれば、デイリーに着やすい夏カジュアルに。シャイニーなシルバー小物で華やかに

ワンピース ベースコントロール(私物)　Tシャツ、サンダル GU(ジーユー)　キャップ、バッグ coen　ネックレス　ROCCO

キャミソールワンピースは「とり急ぎの大きめシャツ」を重ねれば簡単にタウン仕様に。旬のビッグシルエットは着こなしの鮮度を上げつつ、肌の露出や体型をカバーしてくれます。フロントは全開にせず、ボタンを1、2個留めて柄の見え方を調整して

ワンピース ベースコントロール(私物)　シャツ、バングル GU(ジーユー)　ネックレス Lattice　バッグ 私物　サンダル EVOL

まだ着たい
手持ち服

10

ヒロインになれる水玉ワンピース

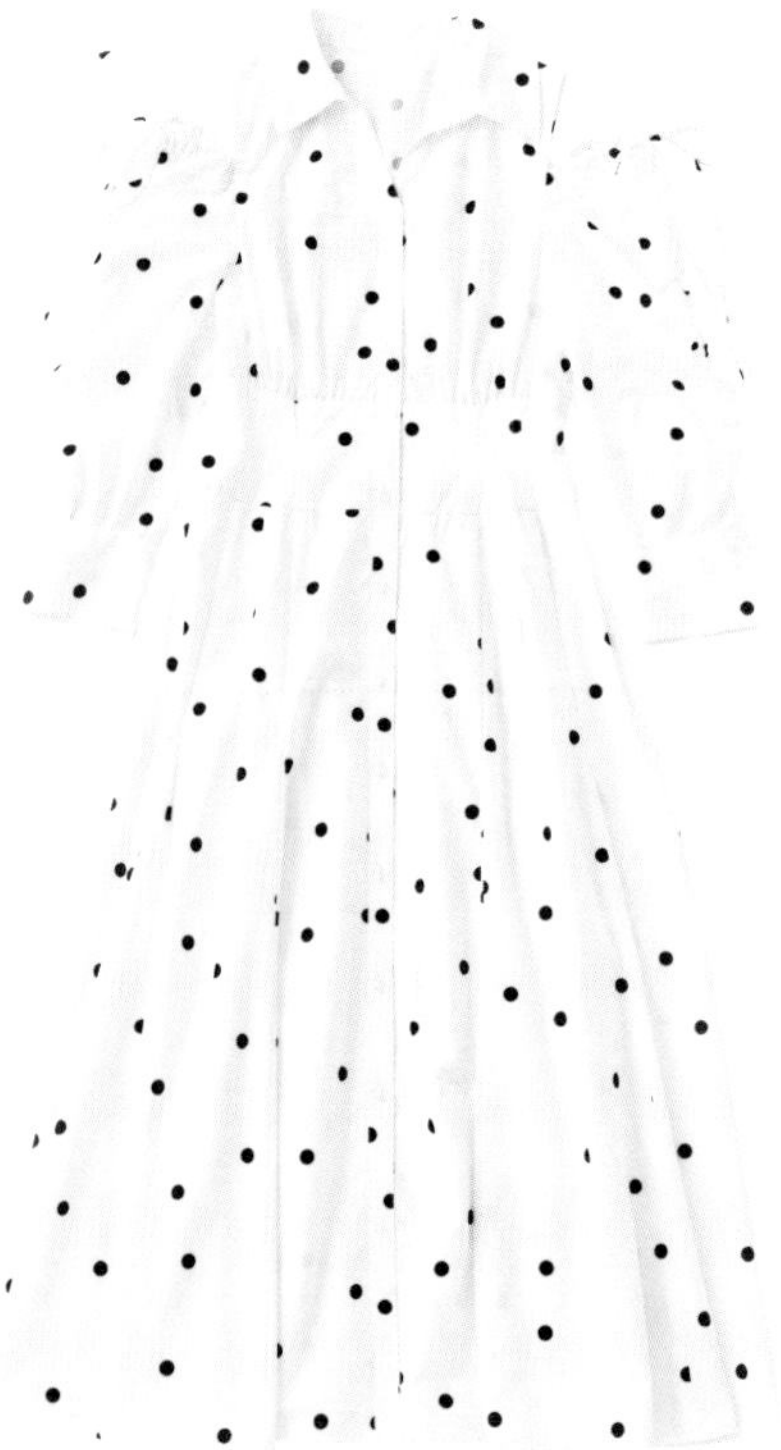

これまた大好きでやめられない水玉。ヒロインになれるワンピースなの、まだ着たい わ!

Before

そうですよね、水玉はいつ見ても心が躍りますよね♡ ただ、こちらも大人には危険な甘さがたっぷり。大人の愛らしさが際立つコーディネートを考えてみましょう

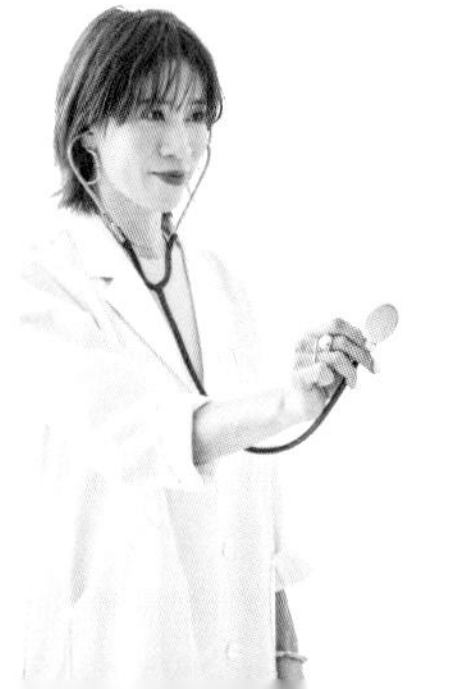

何でも大人にしてくれる ジャケットの力を最大活用

ワンピース ジャスグリッティー（私物） ジャケット GU（ジーユー）〈一部店舗のみ販売〉 ピアス ラピュイ（キャセリーニ） メガネ Lattice バッグ ZARA（私物） サンダル EVOL

あきこ先生の 処方箋

「ちょっと甘すぎるかな？」というワンピースには「本気じゃないジャケット」が特効薬。水玉も花柄も、ジャケットのきちんとパワーがあれば40代、50代でも品良く着られます。中でもベージュ色のジャケットは、大人の甘スタイルと好相性。小物は黒で統一してコーデを引き締めると、ワンピースが際立ちます

まだ着たい
手持ち服

11

ガンガン洗えて安心！ダンガリーワンピース

風合いが好きなダンガリーワンピース。スキニーかスパッツの上に着てるけどマンネリ…

Before

着心地のいいワンピース、これからもたくさん着ていきたいですよね! 40代、50代にはナチュラルとは逆のアイテムを合わせる着こなしがおすすめ

After

黒ワンピースと重ねて すっきりIラインにまとめて

重力すとん
ワンピ

シャツワンピース タイムレス(私物) ワンピース、サンダル GU(ジーユー) ネックレス ROCCO バングル Lattice バッグ コントロールフリーク(キャセリーニ)

あきこ先生の 処方箋

ダンガリーワンピースは縦ラインを強調する「重力すとんワンピ」との重ね着で都会的にリフレッシュ。体型カバーも叶える重ね着のボリュームは、普山さんも馴染みのある厚底スポーツサンダルがバランス良くキャッチしてくれます。大人のリラックスコーデには「肩の力が抜ける巾着バッグ」が愛らしいお供に

まだ着たい
手持ち服

12

映えそうだからのシアーブラウス

デザイントップスは、お食事会でも映えそうじゃない？ 同系色でまとめてみたわ

Before

あら、色もデザインもステキなブラウスですね! ただ、これだと柄のパンツのほうが目立ってしまうかも。ブラウスを主役にコーディネートしてみましょう!

デザインブラウスの色や素材の魅力を前面に

After

良識のある
ワイドデニム

シアートップス FRAY.ID(私物) パンツ UNIQLO イヤリング Lattice バングル ラピュイ(キャセリーニ) バッグ ヘイ!ミセスローズ(キャセリーニ) パンプス ル・ベルニ(キャセリーニ)

あきこ先生の 処方箋

デザインブラウスの魅力を引き出すには、キレイめでクセのない「良識のあるワイドデニム」が最適。ホワイトデニムならトップスのピスタチオカラーもシアー素材もより引き立ち、センスの光る着こなしに。派手な色や柄は小物にギュッと凝縮してアクセントにすれば、派手川さんも納得のコーディネートが完成

あきこ先生のお悩みカルテ 03

お悩み

「ロンT」はラクで大好きなのですが、
最近は野暮ったく見えるような気がして
買うのを躊躇するようになってきました

何を着てもパジャマか
部屋着みたいに
なってしまう

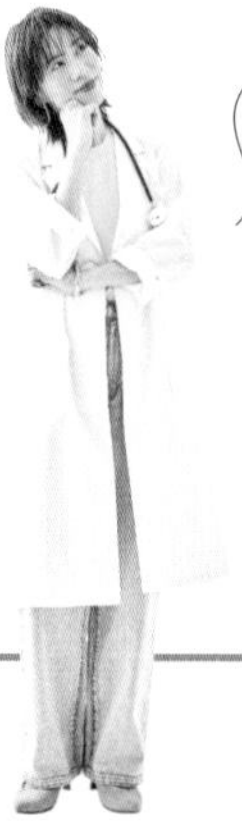

私も
スキ〜!

あきこ先生:

ロンTはカジュアル指数が
高いから難しいのよね…。
ボトムスや小物で工夫し
ていきましょう!

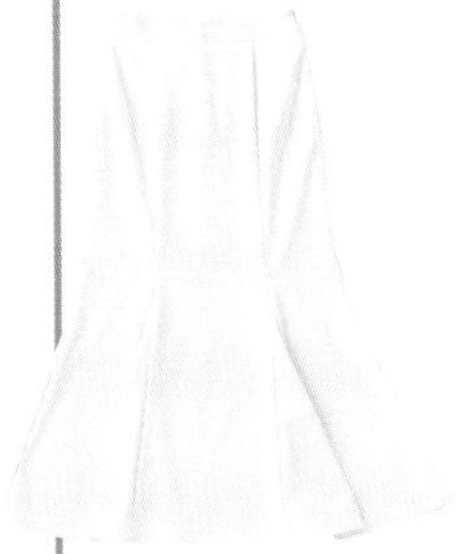

おしゃれの処方箋

処方箋

白のスカートと小物でキレイめに仕上げて

ロンTを脱・部屋着で着たいなら、「ちょいひらロングスカート」の中でも**白のマーメイドスカートが特効薬**になります。白は幅広い色や柄に合わせやすく、エレガントな雰囲気もあるのできちんと見せにはもってこい。ゆるっとムードのオーバーサイズなロンTも、**スカートのひらり感や曲線ラインでパジャマ見えから脱却**。引き締め効果のあるレザー小物でまとめるのもお出かけコーデに見せるコツ

右／ボーダートップス アメリカンホリック　スカート GU(ジーユー)　ハット UNIQLO　ショルダーバッグ Maison Vincent(私物)　サンダル EVOL　左／ロゴTシャツ coen　スカート GU(ジーユー)　メガネ、チェーンバッグ Lattice　ローファー ヒラキ

Dr. Akiko's advice

目一杯に盛り込むより
1点に絞ったほうが
「好きなもの」は輝く！

Chapter 4

知っていると便利なおしゃれのコツ

いかがでしたか。「好きな服」を今の自分に合わせて調整しながら着る楽しさやコツが、だいぶつかめてきたのではないでしょうか。

最終章となるChapter4では、40代、50代からのおしゃれをさらにブラッシュアップするヒントをまとめてみました。流行との付き合い方、浮かないスニーカーの履き方、簡単なお手入れ方法などなど、知っているとちょっとトクするこれらのヒントを手がかりに、これからのおしゃれをさらに楽しんでいただけたらうれしいです。

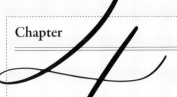

Tips

二度目の流行も「初めて」と思う

40代、50代になると、同じ流行が再び巡ってくること、ありますよね？ そんなときはつい、「知ってる知ってる～。こう着るんでしょ」とばかりに、昔と同じコーディネートをしてしまいがち。ところがこれは大きな落とし穴！ うっかり「古い人」に見えかねません。**一見似たような流行に思えても、時代も自分の年齢も当時とは違うもの。**今の時代、今の年齢に合った着こなしにするために、ぜひ**「初めて」という気持ち**で取り組んでみてください。

カーゴパンツ
昔も流行った
カーゴパンツ
持っているから
着よ～っと
カーゴパンツが人気
そ～なんだ～
着方を工夫しないと
イマイチかも…
王道の着こなしなら
間違いないよね？
こんにちは
被った!?
ワン

チノパンツ
チノパンが再流行!
また流行ってるんだ～
でもおしゃれに
着るのが難しい…
野暮ったく
なるんだよねぇ
同じだぜ

カーゴパンツやチノパンのような、ユニセックスかつベーシックなアイテムこそ、着こなしには気をつけて。若い頃はかわいかった「ボーイッシュ」も、50代ではバランスが難しいかもしれません

カーゴパンツのNiceコーデ

「ミリタリー＆ワーク」な印象が強いカーゴパンツを大人がはくには、パンツ以外を「なるべくキレイめに」。無地のニットを合わせたり、白いカーゴパンツを選んでワントーンで統一したりすると落ち着いた雰囲気に。足元をきゃしゃなサンダルにするのもおすすめです

チノパンツのNiceコーデ

「無彩色コーデでまとめる」「ウエストマークをしっかりする」のが今どきチノパンコーデの成功セオリー。左はチノパン以外をベーシックカラーにし、落ち感のあるブラウスでエレガントさをプラス。右はカジュアルな雰囲気ながら、ウエストマークで女性らしいシルエットに

Tips

ストライプシャツはパジャマではない

大人の体をキレイに見せるアイテムと言えば「シャツ」。それはシャツの直線的なラインや角のあるシルエットが、丸みを帯びた体を程よく真っすぐに補整してくれるから。「聞いたことはあるけれど、いまいちうまく着こなせない」「パジャマのようになってしまう」というのがこの世代のお悩みですよね。よぉくわかります！　着こなすためのポイントはズバリ、**首元見せ**と**手首見せ**。今の主流である**オーバーシルエット**も**これで****クリア**できます。

シャツは便利だけど…
ストライプ柄って爽やかだよね♪
私が着るとパジャマみたい
CVS
CVS
なにが違うの？
こなれて見える着こなしをしているからよ！

少しの違いが大きな違いに。ストライプシャツは、縞が太すぎるとパジャマっぽく見えたり、コンビニ店員のように見えてしまうことも。大人はやや細めのストライプ柄がベスト

ストライプシャツのNiceコーデ

3つのポイントを守って首元や手首を見せれば、シャツの着こなしがぐんとサマになるはず。インナーは首が詰まったものではなく、デコルテが開いたものを。白のリブタンクトップやカップつきインナーがおすすめです

こなれて見える3ステップ

Step 01

まず前のボタンは3つ開けて。首元にV字の開きをつくることで、顔周りがすっきりして小顔に見えます

Step 02

次に、後ろ身ごろのセンターを下に引っ張るようにして衿を抜きます。背中がふわっとして自然なシルエットに

Step 03

最後にカフスごと2、3回袖をロールアップして手首を出します。落ちてくる場合は輪ゴムなどを仕込むと◎

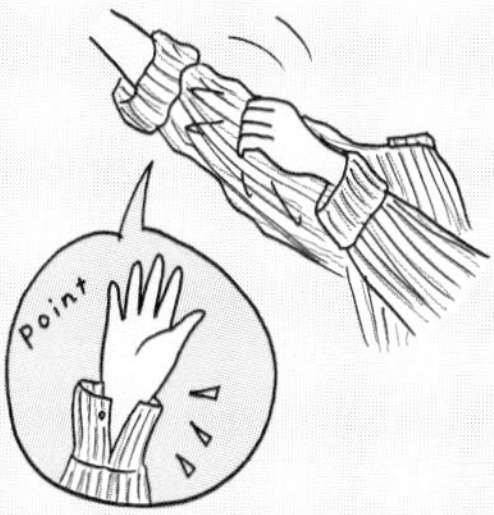

Tips

オーバーサイズの落とし穴

Tシャツもワンピースも、オーバーサイズが流行中！ ただし、「ラクちんな上、体型もカバーできるし最高！」と喜んで飛びつくのは危険です。**40代、50代のオーバーサイズは「だらしがない」と紙一重。** 何も考えずに着てしまうと、まったく着映えないどころか、部屋着っぽく見えてしまう要注意アイテムなのです。おしゃれに着るには、**アクセサリーを加えたり、裾をロールアップする**などして、「必ず手をかけること」。**ヘアメイクをするのも大切**です。

ワンピはラクだけど
ズーン
部屋着にしか見えない…
寝ようヨ!!
太って見えるし
外に着て行くには無理そう…
塔みたい!!
ガルルル
Tシャツ ワンピース

オーバーサイズT
オーバーサイズのTシャツをゲットしたけれど…
体型が隠せていい♡
部屋着に間違われてしまった
ママ、パジャマでおでかけ？
ただ着ただけだとダメなのかな

ワンピースもTシャツも、「体型が隠せればOK」と油断していてはいけません。服を体に馴染ませる工夫や、アクセサリー選びを怠っていては、「お出かけ着」と見てもらえないかも？

Tシャツワンピの Nice コーデ

部屋着に見せないためはまず、「袖口にひと工夫加えること」。半袖はロールアップ、長袖はまくるなどして体に馴染ませると「着こなしている感」がアップ。さらにカーディガンを肩にかけたり、腰に巻いたりすると着こなしに立体感が生まれ、のっぺり見えを回避できます

オーバーサイズTの Nice コーデ

オーバーサイズTシャツも、基本は「足し算」。袖はロールアップ、丈は前だけインをする、アクセサリーやキャップで顔周りに華やかさを盛るなどの工夫を。きゃしゃなものではなく、存在感のある大ぶりなフープやカラフルなアクセサリーが遠目にもしっかり見えて効果的！

Tips

スニーカーはロングスカートとだけ合わせる

「活用したいけど、コーディネートが難しい」というお悩みがよく寄せられるスニーカー。子どもから大人まで、幅広い年代が使うアイテムだからこそ、コーディネートに迷ってしまいますよね。私たちが目指したいのはズバリ、「程よくカジュアルでありつつ、女性らしさも残っている」着こなし。それならもう、**「スニーカーはロングスカートとだけ合わせる」**と決めてしまいましょう。

2章でお伝えしたように、最初はオール黒や白など、単色のものが合わせやすくていいですよ！

「いつもの服」から浮いてしまったり、やたら若々しい着こなしになってしまったり、不慣れだと悩ましいスニーカーのコーディネート。「ロングスカートと合わせる」と決めてしまえば大人にまとまります

ロングスカートのNiceコーデ

左は、白の厚底スニーカーに花柄のロングスカート、パーカを合わせたコーディネート。ナイロンリュックを持っても女性らしく見えるスタイリングです

右は、黒のスニーカーに黒のタイトスカートを合わせたコーディネート。トップスがベーシックなボーダーカットソーならマネするのも簡単そうですよね。巾着バッグで力が抜けた今っぽい雰囲気に

Tips

「清潔感」がないと10歳老けて見える

服をキレイに着こなすには、コーディネートだけが重要なわけではありません。40代、50代は何より**「清潔感」**が大切！　肌や髪からハリやツヤが失われていく今、服までヨレヨレでは一気に老け見えが加速してしまいます。服を常に良い状態にキープするには、服を着る前後にきちんと「ケアすること」が重要。**「清潔感」**に、**服の値段は関係ありません**。ヨレヨレになった高い服より、シワがなく、キレイな状態のお手頃服のほうが、着る人をよっぽどステキに見せてくれます。

マネキン通りに
服を買ったのに…
清潔感があっていい感じ！
お似合いです！
段々パッとしなくなってきた
生活感が漂っていない…？
ベタベタ
アハハ
ワン・・
キャー
清潔感

お店で見たときは「とってもステキ！」と思ったアイテムも、着ているうちにだんだんと魅力が半減…。最初の輝きを取り戻すには、着る前と後の「ひと手間」が大切です

簡単お手入れ 3ステップ

1. 服を着る前に
スチーマーを当てる
2. 靴の汚れは
玄関でさっと拭く
3. 冬はニットにも
ブラシを

①シワがあると、どうしてもくたびれて見えるもの。シャツやTシャツはもちろん、私はデニムにも当てています。パンツはシワが出やすい股部分やヒップ部分、生地が伸びやすいヒザあたりに。②帰ってきたときに、目立つ泥はねやサイドのコバ部分を拭き、最後はソールも軽く拭き取ります。これだけでかなりキレイに。③ブラシをすると、折りジワがなくなるだけでなく、毛糸の間に空気が含まれ、ニットがふっくらとするんです

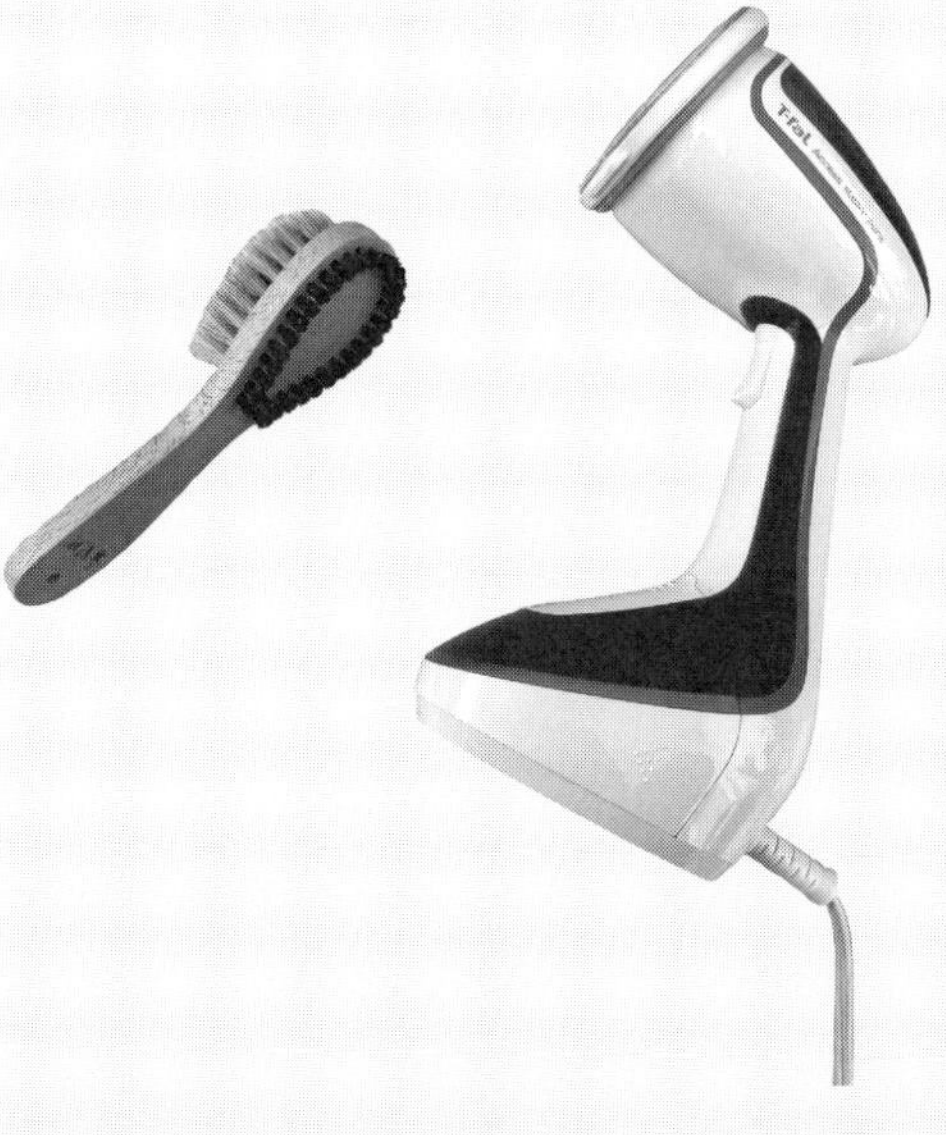

あきこ先生愛用♡ あると便利な お手入れグッズ

私が愛用しているのは「浅草アートブラシ」の両面使えるブラシ。片面に毛玉取りがついているので、ニットの毛玉もこまめに取れて便利！　スチーマーは「ティファール」のもの。スチームの量が多く時短になるのでお気に入りです

Tips

靴下を制する者が季節を制する

「ソックスのおしゃれ」と言うと、難しく感じてしまう人もいるようですが、**ソックスは季節の変わり目にとても便利！**

また、「ソックスでしかできないおしゃれ」もあって、実はすごく楽しいアイテムなんです。合わせるのは、バレエシューズやローファーなどのフラットシューズはもちろん、最近はサンダルに合わせてしまう方法も。ワントーンコーデの差し色や、ボトムスとシューズの間を埋める「つなぎ役」として、ぜひ活用してみて。

季節の変わり目は足元に悩む
まだタイツいけるよね
そろそろサンダル解禁！
なにをはけば正解なの？
Cafe
季節感バラバラだね…

服や小物では差が出ないものの、「足元の選択」で大きく変わるのがコーディネートの「季節感」。タイツだと少し重く、でも素足には早すぎる…という時季は、ぜひソックスを取り入れて！

靴下の Nice コーデ

右は、デニムとストラップシューズの間に白ソックスを挟んだコーディネート。デニムには白ソックスが合いますが、リブ入りだと少し学生っぽいので、大人にはリブなしがおすすめです

左は、グルカサンダルにカラーソックスを合わせた例。ワントーンコーデにソックスで色を差すのは、タイツではなかなかできないアプローチなのでコーデが一気に新鮮に

Tips

Tシャツはそのまま着ない

夏は汗をかいてもジャブジャブ洗えるTシャツが一番！「でも、なかなかおしゃれに着られない」というのが毎年のお悩みですね。若いうちは洗いざらしを着るだけでサマになっていたTシャツですが、今それをやると「くたびれている人」「生活感だらけの人」になってしまいます。

まずは**スチームアイロンでシワを伸ばし、その後は必ず「何かを足す」**こと。重ね着したり、アクセサリーを加えて、**「Tシャツ一枚にしない」ことが大切**です。

暑いときは涼しい服を選びがちですが…
Tシャツとスカートでラクちん
それにしても暑い!!
同じアイテムでもこんなに違うの!?
ひ、久しぶり
久しぶり！Tシャツ被ったね♪
夏はラクが一番よね！

ほぼ同じアイテムなのに、着こなしで差がついてしまうのがTシャツの怖いところ。大人は見え方を計算して、丁寧にコーディネートするのが成功への道！

Tシャツの Nice コーデ

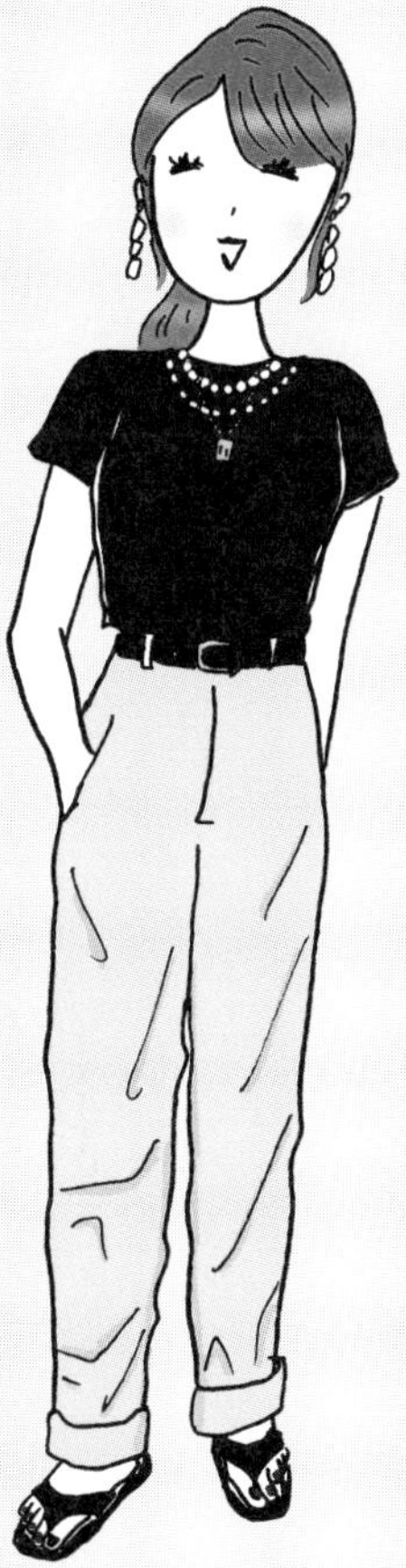

Tシャツをおしゃれに着るには「アクセサリーで盛る」「何かを重ねる」のがポイント。左は、Tシャツとパンツのワンツーコーデにアクセサリーをじゃらづけした例。ベルトでしっかりウエストマークするのも手抜きに見えないコツです

右は、ベストを重ねてキレイめにまとめたスタイル。足元はペディキュアを塗って、サンダルでフェミニンに

Tips

リゾートは「黒」で乗り切る

たまの旅行で悩むのが、「何を着て行くか」。リゾートっぽい服には憧れるものの、前の旅行で着た服は流行も、自分の体型も変わっているから難しそう。かといって新たに買うのも、旅行でお金を使う分厳しい…。大丈夫！そんなときは、**とにかく「黒」**です！黒は焼かない派の白肌にも、日焼け派の小麦肌にも似合う色。さらに、**「大人にしてはややカジュアル、少し露出が多い？」という場合もシックにキマる色**なので、リゾートにはぴったりなんです。

注意すべきは「素材」と「分量」。リネンやコットンなどの軽い素材で、ロングスカートなら上はノースリーブにするなど適度な肌見せで抜けを出して。かごバッグなど小物で夏感を

Tips

雨の日は雨の服を着ない

レインコートや長靴で「完全武装」するほどではない雨の日、どうしていますか。一番困るのは足元ですが、**「小雨かな？」というくらいの雨なら「エナメルシューズ」やエコレザーの靴で十分。**ゴム底のローファーやレースアップシューズなどの「おじ靴」なら、滑りにくいのでおすすめ。**服は、シミやシワが目立ちにくい「柄もの」を。**特に傘でガードしにくいボトムスで取り入れれば、おしゃれしながら防雨もできます。

雨の日のNiceコーデ

右は「エナメルのおじ靴」でトラッドなおしゃれをしつつ雨対策している例。左は、「柄もの」である花柄スカートにミドル丈ブーツを合わせた例。膝下丈なら裾を踏む心配もなし

At the end of book——{おわりに}

いよいよ、最後のページとなりました。

私がこの本で一番伝えたかったことは、「お気に入りの服や好きなファッションは、年齢で諦めないでほしい」ということです。

「年齢を重ねれば重ねるほど、好きなものと似合うものが変わってくる」という声は私のもとにもたくさん寄せられるお悩みです。

でも、慌ててワードローブを全取り換えしなくても、好きな服を「今の自分」に似合わせる方法はまだまだたくさんあるんです。

「万能サポート服と有能小物」はそんなみなさんの「好き」を応援するための処方箋。

鏡の前に立って、「何かおかしいな」と思ったときに、ぜひここでご紹介した方法で、「似合わせる工夫」をしてみてください。

少しのさじ加減で、印象は大きく変わります。

私は、服の力でみなさんが生き生きと輝く姿を見るのが本当に大好き！

この本がその一助になれば、こんなに嬉しいことはありません。

スタイリスト　山本あきこ

【 ショップリスト 】 あいうえお順

アダストリア カスタマーサービス
0120-601-162

アメリカンホリック プレスルーム
0120-659-591

EVOL
https://evol-store.net

オペーク ドット クリップ、シューラルー（ワールド プレスインフォメーション）
03-6851-4604

株式会社キャセリーニ
03-3475-0225

coen カスタマーサポート
0120-956-520

GU（ジーユー）
0120-856-452

3COINS
https://www.palcloset.jp/3coins/

ヒラキ
078-967-6023

無印良品（無印良品 銀座）
03-3538-1311

Lattice
06-6231-3817
https://www.palcloset.jp/lattice/

ROCCO（Rocco style.）
03-6451-1620
https://roccostyle.shop/

ロペピクニック（ジュンカスタマーセンター）
0120-298-133

【掲載協力】UNIQLO

※本書掲載の情報は2024年4月現在のものです。
※掲載商品の在庫がない場合や、仕様の変更がある可能性がございますのでご了承ください。
※私物については各ブランドへのお問い合わせはご遠慮ください。

山本あきこ

経験に基づく独自のルールで、その人本来の魅力を引き出すスタイリスト。テレビやラジオ、雑誌などのメディアで活躍し、InstagramやYouTubeチャンネルも大人気！　著書に『自分を好きになる！ 人生変わる！ 山本あきこの日本一楽しいおしゃれドリル』（主婦の友社刊）など、6冊の書籍と1冊のムック本を出版し、累計発行部数は34万部以上。

Instagram　@akiko_yamamoto__
YouTube　なぜおしゃチャンネル

Staff
デザイン　加藤京子（Sidekick）
イラスト　村澤綾香
撮影　林 紘輝（扶桑社）
ヘアメイク　甲斐美穂（ROI）
取材・構成・文　小川聖子
DTP　ビュロー平林
校正　小出美由規
編集　川上里穂（扶桑社）

Special Thanks
まい、とみゆか、さちか、まなみん、
Rei、TAMIKA、けいこ、miwara、
みっちー、ありか、imuy、さなえ、
じゅん、ちさと、まりりん、みき、
美月、三葉、みやまゆ、もこ、ゆか、
よーこ、もりりん
by life & fashion®LABO

その服、まだ着られます

発行日　2024年4月29日　初版第1刷発行

著者　山本あきこ
発行者　小池英彦
発行所　株式会社 扶桑社
〒105-8070
東京都港区海岸1-2-20　汐留ビルディング
電話　03-5843-8581（編集）
03-5843-8143（メールセンター）
www.fusosha.co.jp
印刷・製本　TOPPAN株式会社

Printed in Japan
ISBN978-4-594-09656-4